Autores varios

Artes poéticas españolas

Barcelona **2024**
Linkgua-ediciones.com

Créditos

Título original: Artes poéticas españolas.

© 2024, Red ediciones S.L.

e-mail:info@linkgua.com

Diseño de cubierta: Michel Mallard.

ISBN tapa dura: 978-84-1126-310-8.
ISBN rústica: 978-84-9816-608-8.
ISBN ebook: 978-84-9897-124-8.

Sumario

Brevísima presentación

Artes poéticas españolas es un compendio de observaciones sobre la poesía clásica y sus formas más difundidas.

Libro de la ciencia Gaya[1]

[Fol. 69.] [La arte del trovar se llamaba antiguamente en Castilla la gaya ciencia, como parece por el libro que hizo della don Enrique de Villena, intitulándola a don Iñigo López de Mendoza, señor de Hita,[2] et. Síguese algunos vocablos y cosas de este libro.]

Por la mengua de la ciencia todos se atreven a hacer dictados, solamente guardada la igualdad de las sílabas y concordancia de los bordones, según el compás tomado, cuidando que otra cosa no sea cumplidera a la rítmica doctrina.

Y por esto no es fecha diferencia entre los claros ingenios y los oscuros.

Maguer otras cosas arduas, vindicasen a sí mi intento, [Fol. 70] así que un trabajo fuese reposo de otro trabajo.

[La traslación de Virgilio que hacía don Enrique de Villena de la Eneida.][3]

Y quise dirigir este tratado a vos, honorable y virtuoso caballero don Iñigo López de Mendoza, pues que mis obras, aunque impertinentes, conozco a vos ser placibles y que vos deleitáis en hacer dictados y trovas, ya divulgadas y leídas en muchas partes. Y por mengua de la gaya doctrina, no podéis transfundir en los oidores de vuestras obras las excelentes invenciones que natura ministra a la serenidad de vuestro ingenio con aquella propiedad que fueron concebidas. Y vos, informado por el dicho tratado, seáis originidad donde tomen lumbre y doctrina todos los otros del reino que se dicen trovadores para que lo sean verdaderamente.

Tomaréis algún depuerto.[4]

---

1   Extractado por Alvar Gómez de Castro.

2   No es necesario advertir que es el marqués de Santillana.

3   Hizo esta versión, según dice, a instancias del marqués en 1417, y a ruegos del infante don Juan, ya rey de Navarra, en 1428; Cotarelo, *Don Enrique de Villena*, pág. 87, n., señala la contradicción. Tardó, como él mismo declara, «un año e doce dias». Los seis primeros libros son los manuscritos M-16 y 17 de la Nacional de Madrid; los restantes en la Nacional parisiense, ms. 7812. Las glosas en la Biblioteca toledana. (Vid. A. de los Ríos, *Historia crítica de la literatura española*, VI, pág. 30.)

4   El ms. de Londres escribe: Depuerto por deporte. Prueba esto que el escurialense sigue con mayor fidelidad el original, por cuanto la frase en él hace sentido, mientras que en el del British Museum es una simple nota sobre la forma depuerto.

El consistorio de la gaya ciencia se formó en Francia en la ciudad de Tolosa por Ramón Vidal de Besaldú.[5]

Esmerándose con aquellas reglas los entendidos de los groseros.

Este Ramón, por ser comenzador, no habló tan cumplidamente. Sucedióle Jofré de Foxá, monje negro, y dilató la materia, llamando a la obra que hizo *Continuación del trovar.*[6]

Vino después de este Berenguer de Noya e hizo un libro de figuras y colores retóricos. Después escribió Guilielmo Vedel de Mallorca la *Summa vitulina.*[7] Con este tratado, porque durase la gaya ciencia, se fundó el colegio de Tolosa de trovadores, con autoridad y permisión del rey de Francia, en cuyo territorio es. Y les dio libertades y privilegios y asinó ciertas rentas para las despensas del consistorio de la gaya doctrina. Ordenó que hubiese siete mantenedores que hiciesen leyes [etc.].

---

5   La afirmación es completamente errónea: P. Meyer, *Romania*, IX, 1880, pág. 50. Ramón Vidal de Bezandún (según opinión corriente, Besalú en Cataluña) alcanzó los tres reinados de Ramón Berenguer, Alfonso II y Pedro II de Aragón (Balaguer, *Los trovadores*, IV, pág. 78). Amador de los Ríos sospechaba que fuese judío de raza. Su obra gramatical, que con la de Huc de Faidit fue la base de todas las poéticas trovadorescas, llámase Razos, reglas, o dreita maniera de trovar; fue publicada por Guenard, *Grammaires provençales*, París, 1839-1840; hay segunda edición de 1859 por P. Meyer, Romania, VI, 1876, págs. 341 y 355, y por Stengel (Marburgo, 1878); estas dos últimas hechas sobre el ms. 13405 de la Nacional de Madrid, copia del siglo XVIII de un códice de la biblioteca de los carmelitas de Barcelona, citado por Villanueva, en su Viaje literario; este manuscrito del siglo XIV, importantísimo por contener nueve tratados de la Gaya ciencia, se creía perdido; se encuentra en Barcelona en la Biblioteca de Cataluña, núm. 239. (Massó Torrents, Bibliografía dels antics, poetes catalans, «Anuari» del «Institut d'Estudis Catalans», 1913-1914, pág. 260.) Fue Vidal quien por primera vez llamó «lengua lemosina» a la lengua de oc.

6   Nicolás Antonio le llama Godefridus de Fexa (Bibl. Vet., 1788, II, pág. 376); su verdadero nombre, según Meyer, es Jaufré de Foxa, tal vez de Foixa (Gerona); que fué benedictino, descansa sobre lo dicho por don Enrique y Santillana; su obra la escribió, según declara, para enseñar las reglas de Ramón Vidal a los que por ignorar la Gramática no las pueden entender; figura en los códices de Barcelona y Madrid; la publicó Meyer, *Romania*, IX, 1880, páginas 31 y 55. Está dedicada a Jaime, rey de Sicilia; escribióse, por tanto, antes de 1291, en que pasó al trono de Aragón

7   No he logrado noticia alguna de este tratadista.

Hicieron el tratado intitulado *Leyes de amor*, donde se cumplieron todos los defectos de los tratados pasados.[8]

Este era largo, por donde Guillén Moliner le abrevió e hizo el *Tratado de las flores*, tomando lo substancial del libro de las *Leyes de amor*.[9]

Después vino fray Ramón de Cornet e hizo un tratado en esta ciencia, que se llama *Doctrinal*.[10] Éste no se tuvo por tan buena obra, por ser de persona no mucho entendida. Reprendiósela Johán de Castilnou asumando *Los vicios esquivadores*,[11] id est que se deben esquivar.

[Después déstos no escribió otro, hasta don Enrique de Villena.]

Tanto es el provecho que viene de esta doctrina a la vida civil, quitando ocio y ocupando los generosos ingenios en tan honesta investigación, que las otras naciones desearon y procuraron haber entre sí escuela d'esta doctrina. Y por eso fue ampliada por el mundo en diversas partes.

---

8   Publicó las *Leys d'amor* Gatien Arnould, en sus *Monuments de la litterature romane*, Tolosa, sin año (pero antes de 1848), según un códice de Tolosa; hay uno de la segunda mitad del siglo XIV en el Archivo de la Corona de Aragón, descrito por Massó Torrents, ob. cit., pág. 259; advierte que es probablemente el primer libro adquirido o hecho copiar por el Consistorio del Gay Saber de Barcelona.

9   Hizose por encargo oficial, y estaba acabado en 1356; ayudó a Moliner el catalán Bartolomé Marc. (Vid. A. Pagès, *Auzias March et ses predeceseurs*, París, Champion, 1912, página 130.) Publicado por Gatien Arnould; figura en los códices citados. (Massó, ob. cit., pág. 262.)

10 Según Villanueva, *Viaje literario*, el *Doctrinal* lleva la fecha de 1324; según Milá, ob. cit., Cornet ganó la violeta en Tolosa en 1333. El *Doctrinal* figura también en los códices mencionados. Las obras poéticas de Cornet las publicaron Noulet Chabaneaux, *Deux manuscrits provençaux du XVe siècle*, Montpellier, 1888, y Massó Torrents en los *Annales du Midi*, 1914-1915.

11 Castellnou fue poeta fecundo y tratadista que durante largo tiempo llevó la fama de obras que no eran suyas; por ejemplo, el *Mirayll*, por atribuírsele en nota en el códice de los carmelitas de Barcelona; en el mismo error debió de estar don Enrique, cuando pone a su nombre el tratado de *Los vicios esquivadores*, que no es ni más, ni menos que la cuarta parte del *Mirayll* de Noya, a no ser que Villena se refiera al *Compendi de la conaxensa deis vicis que poden sdeuenir en los dictáis del Gay saber*, obra de Castellnou, dedicada a Dalmau de Rocaberti, ms. 21-3-8 de la Biblioteca Universitaria de Barcelona. (Vid. Massó, ob. cit., pág. 265.)

[Fol. 72] A este fin el rey don Joan de Aragón, primero de este nombre, fijo del rey don Pedro segundo, fizo solemne embajada[12] al rey de Francia, pidiéndole mandase al colegio de los trovadores que viniesen a plantar en su reino el estudio de la gaya ciencia y obtuvolo. Y fundaron estudio de ello en la ciudad de Barcelona dos mantenedores que vinieron de Tolosa para esto, ordenándolo d'esta manera: que hubiese en el estudio y consistorio de esta ciencia en Barcelona cuatro mantenedores, el uno caballero, el otro maestro en teología, el otro en leyes, el otro honrado ciudadano. Y cuando alguno de éstos falleciese, fuese otro de su condición elegido por el colegio de los trovadores y confirmado por el rey.

En tiempo del rey don Martín su hermano, fueron más privilegiados y acrecentadas las rentas del consistorio para las despensas hacederas, así en la reparación de los libros del arte y vergas de plata de los vergueros que van delante los mantenedores y sellos del consistorio, como en las joyas que se dan cada mes y para celebrar las fiestas generales. E hiciéronse en este tiempo muy señaladas obras, que fueron dinas de corona.

Después de muerto el rey don Martín,[13] por los debates que fueron en el reino de Aragón sobre la sucesión, hubieron de partir algunos de los mantenedores y los principales del consistorio para Tortosa y cesó lo del colegio de Barcelona.

[Fol. 72] [Fue después elegido el rey don Fernando, en cuyo servicio vino don Enrique de Villena, el cual procuró la reformación del consistorio y señaláronle por el principal de ellos.]

---

12 Según Balaguer, *Los trovadores*, Madrid, Téllo, 1882, 2.ª edic., I, pág. 78, «ningún documento se cita en apoyo de este hecho...; al contrario, en los tres que se conocen de los reyes don Juan, el amador de toda gentileza, don Martín el Humano y don Fernando el de Antequera, no se menciona esta embajada».

13 Poco duraron estos tiempos de torneos poéticos en que don Enrique tenía tan principal papel; murió don Martín en 1410 y don Fernando el 2 de abril de 1416; a la muerte del de Antequera, el de Villena se retiró a sus estados. Todo el pasaje que sigue es el más conocido y publicado de estos extractos del *Arte de trovar*, sus noticias han servido de base para la creación de los modernos juegos florales, fiestas tan honestas como inútiles para el desarrollo de la cultura.

[Las materias que se proponían en Barcelona estando allí don Enrique]: algunas veces loores de santa María, otras de armas, otras de amores y de buenas costumbres.

Y llegado el día prefigido, congregábanse los mantenedores y trovadores en el palacio, donde yo posaba. Y de allí partíamos ordenadamente con los vergueros delante y los libros del arte que traían y el registro ante los mantenedores. Y llegados al dicho capítulo, que ya estaba aparejado y emparamentado derredor de paños de pared, y fecho un asentamiento de frente con gradas, en do estaba [don Enrique] en medio y los mantenedores de cada parte, y a nuestros pies los escribanos del consistorio; y los vergueros más bajo y el suelo cubierto de tapicería. Y hechos dos circuitos de asentamientos, en do estaban los trovadores, y en medio un bastimento cuadrado tan alto como un altar, cubierto de paños de oro, y encima puestos los libros del arte y la joya. Y a la manderecha estaba la silla alta para el Rey, que las más veces era presente, y otra mucha gente, que se ende llegaba.[14]

Y fecho silencio, levantábase el maestro en teología, que era uno de los mantenedores, y hacía una presuposición con su tema y sus alegaciones y loores de la gaya ciencia y de aquella materia que se avía de tratar en aquel consistorio. Y tornábase a sentan. Y luego uno de los vergueros decía que los trovadores allí congregados expandiesen y publicasen las obras que tienen fechas de la materia a ellos asignada. Y luego levantábase cada uno y leía la obra que tenía fecha en voz inteligible. Y traíanlas escritas en papeles damasquines de diversos colores, con letras de oro y de plata e iluminaduras hermosas, lo mejor que cada uno podía. Y desque todas eran publicadas, cada uno la presentaba al escribano del consistorio.

Teníanse después dos consistorios, uno secreto y otro público. En el secreto hacían todos juramento de juzgar derechamente sin parcialidad alguna, según las reglas del arte, cuál era mejor de las obras allí examinadas. Y leídas puntuadamente por el escribano, cada uno de ellos apuntaba los vicios en ella contenidos. Y señalábanse en las márgenes de fuera. Y todas así requeridas, a la que era fallada sin vicios o a la que tenía menos, era juzgada la joya por los votos del consistorio.

---

14 Nota marginal: «No [¿tese?] quan antiguo seha el vso de Alcalá y Sala en premiar los poetas con solepnidad como aquí se cuenta.»

En el público congregábanse los mantenedores y trovadores en el palacio. Y yo partía dende con ellos, como está dicho, para el capítulo de los frailes predicadores. Y, colocados y fecho silencio, yo[15] les hacía una presuposición, loando las obras que avían fecho y declarando en especial cuál de ellas merecía la joya. Y aquella ya la traía el escribano del consistorio en pergamino bien iluminada y encima puesta la corona de oro. Y firmábalo yo al pie y luego los mantenedores. Y sellábala el escribano con el sello pendiente del consistorio. Y traía la joya ante mí. Y, llamado el que fizo aquella obra, entregábale la joya y la obra coronada, por memoria. La cual era asentada en el registro del consistorio, dando autoridad y licencia para que se pudiese cantar y en público decir.

Y acabado esto, tornamos de allí al palacio en ordenanza. E iba entre dos mantenedores el que ganó la joya. Y levábale un mozo delante la joya, con ministriles y trompetas. Y llegados al palacio, hacíales dar confites y vino. Y luego partían dende los mantenedores y trovadores con los ministriles y joya, acompañando al que la ganó fasta su posada.

Y mostrábase aquel aventaje que Dios y natura hicieron entre los claros ingenios y los oscuros [de donde parece que ventaje viene del vocablo italiano avante.

Y no se atrevían los *ediothas*.

[La definición de ciencia según Galter Burley[16] en la *Summa de las artes*: ciencia es cumplida orden de cosas inmutables y verdaderas.]

Y acatando seis instrumentos, siquiera órganos, que forman en el hombre voces articuladas y literadas, es a saber pulmón con su continuo movimiento, sistolando y diastolando, recibiendo aire fresco hacia sí y lanzando el

---

15 «e Don Enrique partía»; en el ms. del Escorial está borrada la palabra yo y puesto encima Don Enrique, como si al copiar extractando quisiera Alvar Gómez ponerlo en tercera persona. Lo mismo en las líneas siguientes cuando se nombra el autor».

16 Walter Burley, escritor inglés, nacido en 1275, murió en 1357; estudió en Oxford y París; llamábanle *Doctor planus et conspicuus*; fue un feroz nominalista y preceptor de Eduardo III; leído en España; Hernando Díaz publicó en Sevilla (Cromberger, 1520) el arreglo de una obra suya titulada *La vida y excelentes dichos de los más sabios filósofos que hubo en este mundo*. (Gallardo, *Ensayo*, núm. 2025.)

escalentado fuera del cuerpo por muchas partes, especialmente por la tracharchedía, que es la caña del resollo [etc.], percude, siquiera hiere el aire.

El segundo, paladar.

El tercero, lengua.

El cuarto, dientes, que por compresión hacen zizilar a atenuar el son, siquiera adelgazar.

El quinto, los bezos.

El sexto, la trachearchedía.

No son las voces articuladas en igual número cerca de todas las gentes, porque la disposición de los aires y sitio de las tierras disponen estos instrumentos por diversa manera. A unos dilatándoles la caña, y por eso hablan de gargüero; a otros, haciéndoles la boca de gran oquedad, y por eso hablan ampuloso; y a otros, haciendo las varillas de poco movimiento, y por eso hablan zizilando. Y así de las otras diversidades.

Esta parte primera se dividirá en diez partículas.

La primera, cuándo y por quién la letra latina fue hallada.

La segunda, la definición de la letra.

La tercera, cuántas son las letras y qué figuras tienen.

La cuarta, de los accidentes y de la mutación de sus figuras según la diversidad de los tiempos.

La quinta, del departimiento que han entre sí, según las voces que significan.

La sexta, del son de cada una, por la conjunción de unas con otras.

La setena, cómo se muda el son de una en son de otras y se puede poner una por otra en ciertos lugares.

La ochava, cómo se ponen algunas letras y no se pronuncian y otras se pronuncian, aunque no se ponen.

La novena, en el escribir, según las reglas de los trovadores antiguos, cómo se deben situar.

La decena, de la abreviatura de las letras.

[Fol. 77] [San Isidoro en el primero libro de sus *Etimologías*.]

15

Micer Armenio escribió la *Historia florita.*[17]

[La antigüedad de la letra latina sácala así don Enrique de Villena en el *Libro de la ciencia gaya*] :

Al tercero año que Nicostrato dio las letras a los de Italia, el rey latino hizo juntar sabedores y las reglas dadas por Carmenta fueron corregidas y llamóse letra latina. Fue esto dieciocho años antes de la postrimera presa de Troya, la cual fue antes de la era de nuestro Salvador Jesucristo por MCLXXXV años, según Felipe Elefante en la glosa del *Timeo* de Platón, lo cual dice que sacó de las historias de los egipcianos. Y la era de nuestro Salvador corre ahora MCCCC y XXXIII, todo junto serán IIMDCXXXVI años.

Ocho diptongos son habidos por leales, siquiera ciertos en el trovar. Es a saber: *ia, ei, oi, ui, au, eu, iu, ou*; éstos son de dos letras.

ia, ei, eu no son finos, que se llaman por otro nombre impropios.

De tres letras se componen otros ocho: *gay, vey, ioy, cuy, vau, lleu, niu, nou.*

Mastre Gil fizo un tratado titulado *Summa de proverbiar.*[18]

lenguagge, linagge, con dos *gg.*

Algunos dictados antiguos o petafios.[19]

Carmenta[20] nombró a la *f fiex* y a la *x xi*, conforme a la apelación griega φλ, χι.

---

17 Refiérese a *La Fiorita* o *Flores de historias* de Armannino «Giudice de Bologna» (Armenino Bolonés le llama el marqués de Santillana, que nombra a su obra el libro de la *Flórica*), consérvase en la Biblioteca Nacional de Madrid el códice que fue de Santillana (signat. I, 16), descrito por Mario Sciupi, *La bibliothèque du marquis de Santillana*, París, 1905, págs. 352-354. (Vid. también A. de los Ríos, *Obras del marqués de Santillana*, Madrid, 1852, págs. 597-593.)

18 Ignoro a qué obra se alude; Cotarelo, ob. cit., pág. 164, piensa si se referirá a Gil de Zamora. De asunto análogo y de autor de nombre parecido son los *Proverbia gallicana*, París, 1519, obra del escritor francés de comienzos del siglo XVI Jean Gilles de Noyers (Egidius Nucerinus); claro está que a éste no pudo aludir don Enrique, pero sospecho si será un caso de los varios en que no deba atribuírsele lo copiado en el texto, sino que sea una nota suelta de Alvar Gómez; lo mismo pienso de la cita de San Isidoro (pág. 170), y tal vez debiera de pensarse lo mismo de otros varios pasajes.

19 Parece epígrafe de un capítulo del que nada se anotó.

20 Carmenta es aquella «dona anomenada Carmet ninfa», de que habla el *Mirayll*, que dio el alfabeto a los latinos. Carmenta fue tal vez una fuente, y fue madre de Evandro; y bien

Aa, Be, ce, de, ee, efe, ge, ache, ii, ca, ele, eme, ene, oo, pe, cu, erre, ese, te, uu, eques, y griega, zz, tilde.

La *h*. El pulmón con su aspiración forma la *h*.

La trachearchedía forma la *a* y la hace la *e* y la *i* y la diferencia que entre ellas se hace es por menos respiración; que la *a* se pronuncia con mayor y la *y* con mediana y la *i* con menor.

El paladar, con su oquedad, forma la *o* y la *k*, pero la *o* ayúdase con los bezos. La lengua forma la *r*, hiriendo en el paladar; y la *d* y la *t* y la *l*, hiriendo en los dientes; y la *y* griega, ayudándose con paladar y dientes; y la *n* y tilde, hiriendo muellemente en los dientes medio cerrados.

Y los dientes forman la *z* apretados, zizilando; y la *x* y la *g*, ayudándose un poco con la lengua. Los bezos con clausura y aparición forman la *b, f, m* y la *p* y la *q*; y la *v*, aguzando con alguna poca abertura y ayudándose de la respiración.

Algunos quisieron atribuir la pronunciación de la *o* a los bezos, porque se aguzan y abren en forma circular. Pero mayor operación hace en ello el paladar y por eso a él fue asignada de suso.

Alfabeto de Carmentas:

---

directamente, bien valiéndose de su hijo, educó a los romanos, y presidió la colonización del Palatino, después de echar de allí a Caco. (Vid. Roscner, *Dictionnaire de Mythologie grecque et romaine*, págs. 351 y sigs.)

El de los longobardos:

A la *flex* llamaron *fl*. Y a la *h aca*.
El de los godos:

A B. c D. E F. G.
H i. K. L. M. N
N. o. P. Q. R S.
T V X Y Z

Después que la tierra se perdió en tiempo del rey don Rodrigo, como se perdieron los estudios de Toledo y los de Zamora y de Ávila, corrompióse el uso y reglas de la letra gótica o usaron de tales figuras:

a. b. c. d. e ff. g.
h. i k l. m n. o p. q r
ſ t. u x y ff. z.

Y dijeron a la f *efe*, y a la x *eques*.

Toledo se llamaba Fajén; y Zamora, Numancia; y Ávila, Ábila.

Después, recogidos los cristianos en el Monte Sacro en Asturias, y perecieron los saberes entre ellos; y aun el escribir y leer por diuturnidad de tiempo. Desque fueron conquistando, sintieron la mengua de la perdida letra y enviaron a la isla de Inglaterra por maestros que tuviesen escuelas de escribir y leer y gramática y mostráronles un tal alfabeto:

Llamaron la letra anglicana y decían a la *h aque*, pero los de este reino no podían pronunciar sino *ache*.

Tomaron de los moros las colas de las letras revueltas y el liamiento de los vocablos y tildes grandes y el tener de la péndola, el leer en son.

Corrompióse el anglicano y hubo éste:

Y éste a llegado fasta el uso de este tiempo.

Allende el son particular que cada letra por sí tiene, cuando se conjuguen unas con otras forman otro son.

Esta formación se entiende en dos maneras, una en general, otra en especial.

La general en tres, es a saber, plenisonante, semisonante, menos sonante.

Cuando la letra es puesta en principio de dicción, toma el son más lleno y tiene mejor su propia voz y por eso es dicha plenisonante, es a saber aviente su son lleno. Cuando es puesta en medio de dicción, no suena tanto y difúscase el son de su propia voz.

Cuando es en fin de la dicción, del todo pierde el son de su propia voz o suena menos que en el medio. Y por eso es dicha menos sonante.

La especial manera es considerando la condición de cada una, según la conjunción en que se halla. Así como las vocales, que allende de la regla general dicha, por especial razón son algunas veces plenisonantes, aunque sean falladas en medio de dicción, así como diciendo *vas*, *ven*, *diz*, *joy*, *luz*; que, maguer que las vocales puestas en estas dicciones estén en medio, retienen su lleno son, por la plenitud de la voz vocal, que les ayuda.

Y algunas veces las tres vocales *a* y *o* suenan de otra manera con son semisonante o menos sonante puestas en medio de dicción y fin, así como quien dice *proeza*, *grana*, *honor*, que la y en la primera dicción es semisonante y la a en la segunda, y la segunda o en la tercera. Esto les acaece por la conjunción de las precedentes letras, que se lían e incorporan con el son de la vocal en composición de voces. Y por eso la vocal pierde parte de su lleno son. Estas tres vocales puestas en mitad de dicción sin mudar la postrimera letra tienen a veces lleno son y otras medio. Quien dice *vas* da medio son; y si dijese *paz*, daríale lleno; diciendo *vos* es semisonante, diciendo *pos* es plenisonante. Y si dijese *pres*, aquella *e* es plenisonante; y si dijese *tres*, es semisonante. Y porque gozan de amos los sones según el ayuda del principio, dícense utrisonantes.

La *v* y la *e* en principio de vocal se hacen consonantes. Cuando la *g* con vocal se junta, así como a y *u*, tiene son suave, como quien dice *plaga*, *dragón*, *daga*. Y esto es con la *a*. Y con la y, así como *llegue*, *pague*, con la *u*, así como guardar, guiar. Pero cuando se junta con *e* y con *i*, entonces suena fuerte, como quien dice *linagge*, *girón*, *girconça*.[21] En el fin quitan la *e* *pug* [Alberic].

La *l* se dobla para hacerla plenisonante al principio y al medio. En el fin nunca se dobla, sino en la lengua limosina.

---

21 Falta *girconça* en M; en L, *gironça*. La forma *girconça* en el arcipreste de Hita, estrofa 1610, «en pequeña *girconça* yace grand resplandor».

Cuando la *r* es semisonante, no se dobla: *ara*, *ira*. Cuando es plenisonante, dóblase, *error*. En principio de dicción, es plenisonante; no se dobla: *rey*, *roque*, *rocín*. En los nombres propios, en medio de dicción es plenisonante y no se dobla: *Enrique*, *Ferando*.

La *p* y la *b* algunas veces hacen un mismo son, como quien dijese *cabdinal*, que también se puede decir *capdinal*.

Y *t* y *d* eso mismo convienen en son, en fin de dicción, así como quien dice *cibdad*, que se puede hacer con *d* y con *t*. En principio son disonantes.

La *q* y la *c* convienen en son en principio de dicción. *Quantidad* se escribe con *q*, *calidad* se escribe con *c*. La *k* conviene con este son, diciendo *karidad*, pero tiene esta especialidad la *k*, que no se puede poner sino en principio de dicción y todavía es plenisonante.

La *m* y la *n* convienen en son algunas veces en medio de dicción, así como diciendo tiempo, que, aunque se escribe con *m*, hace son de *n*. Y si lo escriben con *n*, hace el mismo son. Y por eso algunos lo escriben con *n*, habiéndose de escribir con *m*.

En los nombres propios que es menester que la pronunciación sea fuerte, ponen en medio aspiración: *Matheo*, *Anthonio*.

La *x* nunca es plenisonante, doquier que se ponga; antes muda algunas veces su son, a veces en *c*, a veces en *g*; así como quien dice *bux*, *flux*, que se escriben con *x* y hacen son de *g*; *fix* escríbese con *x* y hace son de *c*.

La *z* algunas veces en el fin tiene son de *c*: *pec* por pescado, que se escribe con *c* y tiene son de *z*. Otras veces es semisonante *prez*.

Las vocales son cinco: *a, e, o, u*; porque la *v* es la quinta, sirve en la cuenta por cinco.

Las mutas son nueve: *b, c, d, f, g, k, p, q, t*.

Las semivocales son cinco: *l, m, n, r, s*.

Las extraordinarias son tres: *x, y, z*.

Los sinos son dos: *h* tilde.

La *l* en la cuenta se toma por cincuenta, porque es la quinta de las semivocales y primera de ellas.

Dejaron de llamarse semivocales y llamáronse líquidas.

Pónense unas letras por otras:

a se muda en *e*: *az*;[22] *b* por *p*: *cabdinal, capdinal*; *c* por *k*; *d* en *t*: *cibdad, cibdat*, la *m* en *n*: *compromisso* (algunos se atreven a escribir *conpromisso*). La *f* se muda en *p* ayudada de la aspiración *h*, como quien dice *Phelipe*, la *o* en *u*: *peconia, pecunia, furca, forca*. La *u* latina siempre se muda en castellano en *o*. La *g* se muda en *i*: *juego, ihus*; la *j* en *g*; *gentil*. La *ç* se muda en *z*: *Zamora, Gormaz, Gormaç*. La *b* se pone por la *p*: *estribo* habíase de decir *estripo*, derivándose de *pie*. En lugar de *d* se pone *t* en fin de dicción: *brevedat*. Por la *f* se pone *p*, como quien dice *philósopho*. Por la *g* se pone *j*, como quien dice *junça*. Por la *k* se pone *c*, como quien dice *caballo*. Por la *m* se pone *n*, como quien dice *tienpo*, ca se avía de escribir con *m*, pero, según el uso moderno, se escribe con *n*. La *p* se muda en *b*, como quien dice *cabdillo*, que se había de poner con *p*, la *q* por *c*, como en *quantidad*.

[Fol. 84] Algunas letras que se ponen y no se pronuncian: quien dice *philosophía* pronuncia *f* y no se pone.

Quien dice cuño pronuncia *q* y no se pone. Cantar pronuncia *k* y no se pone. *Sciencia* pónese *s* y no se pronuncia. *Psalmo* pónese *p* y no se pronuncia. *Honor* pónese *h* y no se pronuncia; *ha*, por tiene, pónese *h* y no se pronuncia. En los nombres propios pónese *h* y no se pronuncia: *Marcho*.

La *e*, cuando viene después de muta, no suena sino el son de la muta, porque termina en ella. Así como *be*, que hace son de *b* y se encubre la *e*. Y esto acaece porque en el leer no se pone letra pronunciada por sí, sino copulada con otra, salvo las vocales, que se ponen en algún lugar por sí: así como la *o* en la disyuntiva y la *e* en la conjuntiva y la *a* en la relativa.

Y aquellas letras que se ponen y no se pronuncian según el común uso algo añaden al entendimiento y significación de la dicción donde son puestas.

Aquí puede entrar *magnífico, sancto, doctrina, signo*, etc.

De la situación de las letras según los trovadores antiguos

Situaron en tal manera las letras que hiciesen buena eufonía, siquiera placible son, y se desviaron de aquella posición de letras que hacía son desplacible. Y por eso, en fin de dicción, donde era menester doblar la *l*, ponen

---

22 No acierto a adivinar lo que se quiere advertir; probablemente no lo entendió tampoco Alvar Gómez.

una *h*, en lugar de la postrimera *l*, como quien dice *metalh*, por temprar el rigor de la segunda *l* con la aspiración de la *h*. Y donde venía *g* en medio de dicción sonante fuerte, pónenle antes una *t*, así como por decir linaje ponen *linatge*, *paratge*. Esto se hace en la lengua limosina. En la castellana lo imitan en *mucho*, que aquel *mu* suena débilmente y añadiéronle una tilde en lugar de *n* entre la *u* y la *c* y escriben *mcho*; o por decir como escriben *coo*. Y porque la *d*, cuando viene cerca de *o* siguiente suena débilmente, añadiéronle una *g*, como por decir *portado*, *portadgo*; *infatado*, *infatadgo*, y entonces suena la *d*. Y porque la *h* en principio de dicción hace la expiración abundosa, en algunas dicciones, pusieron en su lugar *f*, por templar aquel rigor, así como por decir *hecho* ponen *fecho*, y por *herando*, *ferando*, y por decir *meyo* dicen *medio*. Y algunos por templar el rigor de la *r* ponen en su lugar *l*; así como por decir *prado* dicen *plado*.

Cuando la *a* se encuentra con la *t*, difusca el son; por eso le acorren con una *c* en medio; así como por decir *prática* escriben *práctica*. Y según el antiguo uso, *chi* dezié *qui* y *che* dizié *que*, y para le hacer decir *chi* añade otra *c*, como quien dice *acchilles* o *saccheo*. Y por decir *año*, que ponen en lugar de la segunda *n* una *y* griega, así: *anyo*, que adulza el son. Y la tilde suple la voz de la *n* que se quita.

Y cuando la *i* se encuentra con la *s* suena poco, y por eso la ayudan con la consonancia de la *x* en medio; así como por decir misto se pone *mixsto*. Tiene la *e* la misma condición; y, así, por decir testo se escribe *texsto*.

Y, cuando la *n* se encuentra con la *t*, suena débilmente; y para le hacer sonar, acórrenle con una *c*, como por decir tanto se escribe *tancto*.

Y la *c*, cuando es puesta entre vocales, hace agro son; y por lo templar, en su lugar ponen *t*, pronunciándola como c, con muelle son, como quien dice *illuminatión*. Y la *x* al principio retrae el son de *s*, mas hace el son más lleno; y por eso por decir *setaf* escriben *xetaf*.

Y cuando la *o* se encuentra con la *b* en medio de dicción detiene la voz; y por eso en su lugar ponen *v*, como por decir *cobdo* escriben *covdo*. Y cuando la *y* griega sigue a la *y* en medio de dicción, hace detener la voz; y por eso en su lugar ponen *g*, como por decir *reyno*, que escriben *regno*.

Guardáronse los trovadores de poner un vocablo que comenzase en vocal tras otro que acabase en ella, como casa alta, que aquellas dos *aes* confunden y detienen la voz. También acontece esto en la *r*: hacer razón. Y cuando el precedente acaba en *s* y el siguiente comienza por *r*: tres Reyes. Hay de esto sus excepciones, que se sufren poner estas vocales o letras arriba dichas en fin de pausa, donde se descansa, o en medio de bordón. Y entonces no es inconveniente que la pausa siguiente comience así. Ejemplos:

> Tancto fuy de vos pagado,
> olvidar que no lo puedo.

O quien dice:

> Quien de trovar reglas primero dio.

O quien dice:

> Cuando querrás recibir la doctrina.

Y del todo se quita el inconveniente cuando la una viene en fin de bordón y la otra en el bordón siguiente inmediato, como quien dice:

> Vuestra bondat por ser de mí loada[23]
> avrá sazón sea más conocida.

También cuando es diptongo en que se acaba el vocablo puede el que se sigue comenzar en vocal, como quien dice:

> Cuidado tengo yo de ti, ay alma,
> por tu mal fazer.

---

23 En el ms. de Londres: ser loada de mí, destruyese el ritmo; causó el error del copista el que la palabra loada en Alvar Gómez está escrita encima del renglón y un poco retrasada, a pesar de que lleva el arco de llamada de fin de verso. Otro argumento entre mil que demuestra que el texto del British Museum, sigue y es inferior al de la Biblioteca escurialense,

Venir un diptongo en pos de otro, sin medio de otra dicción, hace mal son y abrir mucho la garganta, como quien dice:

Pues que soy yunque sufriré.

También es son impertinente acabar la dicción en *m* y la otra comenzar en vocal, aunque se salva por la sinelimpha, figura de quien se dirá en la distinción tercera. Y cuando acaba una en consonante y otra comienza en ella, principalmente si fueren de un son, como quien dice *corral losado, paret tasa* o *calles secas*.

Y así hicieron en otras muchas. Como en lugar de *teçer*, que suena gracialmente, dijeron *texer*, quitando la *ç* y puniendo la *x*, que aviva el son de aquella dicción; y por *fisar, fixar*, y la dicción *linage, linagge*, para avivar la *a*; en *Cristo, Cripsto*.

Abreviaturas de diversas ciencias

los grammáticos: los casos n°, g°, d°, A°, v°, a°.

los lógicos: arg° argumento, sil° silogismo, sub°, predio.

los Rhet.: desmost, Delibt, judici. iunien. dispusi°n.

los Arism: cif, iunta, mengr por menguar, mltipcar.

los legistas: ponen por digestos dos ff, porque los griegos dicen esta figura digama, siquier doble g, e porque tiene comienzo de dig, pénenlo por digestís; por párrafo ponen §; por códice, c; por ley, L; e por re ludicata, r. ju; canonistas, li.pe., lite pendente; PP, papa; q, questión; có, consagración.

los mercaderes: por sueldo ponen ff; por florín, fió; por dobla, doa; por cáliz

[aora dezimos cahíz, cf; por fanega, f; por trigo, t°; por *çeuada*, ç; por dinero, D; por marauedí.

[y la guía de la madre era la sangre del hijo.]**24**

[Fol. 89.] lo que aora dezimos *soberano* en los libros antiguos está *somerano*, que parece que viene de *summus*. En el libro de Ramón Lull de Mallorca: e si por auentura ellos sopiesen la manera como nos creemos en la somerana e diuina trinidad.

---

24 En nota marginal añade el ms. de Londres: olvidóse los médicos, que tienen muchas.

Piega, vocablo equívoco; piega por aposento, piega por espacio de tiempo, piega por pedago, piega de vaca, piega de paño.

[En acordarme quien fui
la memoria me lastima.][25]

---

25 Faltan en el ms. londinense. Dudo mucho figurasen estos versos en el «Arte»; deben ser copia de otra cosa. El texto del British Museum termina: τελοζ.

Juan de la Encina (Salamanca, 1469-1529)
Arte de poesía castellana, 1496

A los muy poderosos y cristianísimos príncipes don Hernando y doña Isabel. Comienza el proemio por Juan del Encina en la compilación de sus obras

Prólogo

Si el mucho temor y turbación que la grandeza de vuestra real majestad pone a los más altos ingenios y más fortalecidos de saber, no cobrase algún esfuerzo y aliento en la fuente de vuestra virtud, ¿quién osaría mover la pluma para escribir vuestro nombre?, y yo, lo con este esfuerzo muertas obras, atrevíme a dirigir y aplicar la compilación dellas a vuestra gran excelencia. Dicen los antiguos y fabulosos poetas que Prometeo, hijo de Japeto, acostumbrado a fabricar cuerpos humanos de barro, subió al cielo con ayuda y favor de Minerva y trajo de una rueda del Sol un poco de fuego con que después introducía vida y ánima en aquellos cuerpos. Y así yo, desta manera, viéndome con favor del duque y duquesa de Alva, mis señores, subí a la gran altura de la contemplación de vuestras excelencias por alcanzar siquiera una centella de su resplandor, para poder, en mi muerta labor y de barro, introducir espíritus vitales. Y por mandado de estos mis señores que no solamente ellos, mas aun el menor de sus siervos quieren que enderece sus pensamientos y deseos en el servicio de vuestra alteza, hallándome muy dichoso en haberme recibido por suyo, he copilado las obras que en este cancionero se contienen, adonde principalmente van algunas que no con poco temor avía dedicado a vuestra real señoría. Y, porque lo que es de César se dé a César, quise primero darles la obediencia de este mi trabajo con la humildad y acatamiento que debo, suplicándoles, si algo bueno hubiere, estimando cada cosa en su estado, lo manden favorecer, y lo malo corregir, pues a los príncipes y emperadores conviene tener debajo de su imperio así malos como buenos, los malos para en ellos ejecutar la justicia y disposición de sus leyes, y los buenos para favorecerlos y gratificarlos y en ellos extender la magnificencia de sus mercedes, que si malos no hubiese, no serían estimados los buenos, porque por los unos venimos en conocimiento de los otros. Y bien creo en esta mi compilación habrá tanto de malo que lo bueno no se parezca, mas esfuerzo con esto que todas son obras hechas desde los catorce años hasta los veinticinco, adonde para lo que en mi favor no hiciere me podré bien llamar a menor de edad. Pues, invictísimos y siempre victoriosos príncipes, no neguéis vuestro favor a mis continuas vigilias porque enmudezcan todos los detractores y maldicientes. No hay cosa de tanta magnificencia ni que tan bien parezca a los príncipes como favorecer a los humildes, ayudar a los afligidos, y así defender a los menores que no sean opresos ni de los mayores maltratados. Vosotros levantáis los caídos, esentáis los apremiados y redimís los cautivos, y vivificáis a los que ya están sin esperanza de vida. De tal manera Naturaleza, por la Providencia Divina, de don especial os adornó, que todas cuantas virtudes pudo en vosotros aposentó, y aposentadas las experimentó, y experimentadas están puestas en vosotros para que a todos los otros príncipes seáis ejemplo y dechado. Regís todos vuestros reinos y señoríos con tanta prudencia, con tanta fortaleza, con tanta justicia y temperancia, que todos los que recta- mente desean regir, os tienen siempre por espejo remirándose en vosotros para imitaros y seguiros, y para tomar reglas y preceptos de reinar. Todas cuantas cosas hay escritas de buen regimiento de príncipes, de tal manera las guardáis, que no hay cosa buena que los escritores hayan instituido, que vosotros no la pongáis en obra, y no obráis cosa que no esté instituida por muy buena; y aunque las tales instituciones no so hubiera, de vuestras obras mismas se pudieran muy bien colegir y sacar trasunto de vida per- fecta. Si os queremos comparar a algunos príncipes pasados, hallaremos que las excelencias que cada uno dellos con gran dificultad y en diversas edades alcanzó, en vosotros cada día muy perfecta y abundosamente se ven. Leemos de Arístides, Agesilao y Trajano haber sido justos, de vosotros sabémoslo y cada día lo vemos por experiencia. De la gran clemencia de Julio César la antigüedad nos da testimonio, mas de la vuestra, que no es menor, nosotros podemos dar fe, pues continuamente gozamos della. Muy gran igualdad dicen ser la de Pompeo, mas mucho mayor se halla en vosotros y así lo sienten todos los pueblos. Alabaron los antiguos la piedad de Metelo, mas mucho más debe ser alabada la vuestra que cara a cara la contemplamos. Ensalzó la antigüedad el gran ánimo de Alexander, mas mucho más nuestros siglos con perpetuas alabanzas engrandecen el vuestro. Las historias antiguas gran testimonio dan de la disciplina militar de los emperadores griegos y romanos, mas no menos en vosotros toda España la ha experimentado. La prudencia de Temístocles, la constancia de Fabio, la continencia de Cipión, las memorias antiguas la celebraron; mas en vosotros todas estas gracias y virtudes, no solamente las oímos y vemos escritas, mas aun siempre con viva voz las cantamos. Por mucho que todo el mundo cante y pregone de vuestros loores y alabanzas, no lo toméis por lisonja que no es sino la verdad que da testimonio de sí misma. Por todo el mundo se celebra la claridad de vuestro nombre, y no solamente mandáis en vuestros señoríos y reinos, mas aun en los ajenos disponéis y cumplís vuestros deseos, en vuestra mano está cerrar y abrir las puertas de Jallo y de Mars. ¡O, cuántos y cuán grandes movimientos y discordias de guerra en los años pasados habéis amansado en España, y de cuán gran incendio librada, la habéis vuelto a verdadera paz y tranquilidad!, y no solamente habéis sido autores de paz, mas aun conservadores. En vosotros ambos maravillosamente florece todo lo que fortuna, naturaleza, o humana diligencia tiene por principal. Alcanzasteis lo que todos los mortales han por muy grave de alcanzar. Alcanzasteis mucha gracia con mucha gloria, y lo que más es y cuasi increíble, que habéis sobrepujado y vencido las envidias con vuestra firme virtud. Estas cosas todas y otras muchas infinitas que a todo el mundo son muy notorias, seguramente las puedo contar, aunque, cierto, de mi mano muy más pobladas irán de fe que de elocuencia; y perdone vuestra real majestad, pues donde las fuerzas del sentido desfallecen, la fe basta para suplir los defectos.

Capítulo I. Al muy esclarecido y bienaventurado príncipe don Juan. Comienza el proemio en una Arte de Poesía castellana compuesta por Juan del Encina

Cuán ligero y penetrable fuese el ingenio de los antiguos Y cuán enemigos de la ociosidad, muy esclarecido príncipe, notorio es a vuestra alteza, como cuenta Cicerón de Africano el mayor, que decía nunca estar menos ocioso que cuando estaba ocioso ni menos solo que cuando solo, dando a entender que nunca holgaba su juicio. Y según sentencia de aquel Catón censorino, no solamente son obligados los hombres que viven según razón a dar cuenta de sus negocios, mas aun tan bien del tiempo de su ocio, cuanto mas los que fuimos dichosos de alcanzar a ser súbitos y vivir debajo de tan poderosos y cristianísimos príncipes, que así artes bélicas como de paz están ya tan puestas en perfección en estos reinos por su buena gobernación, que, quien piensa las cosas que por armas se han acabado, no parece haber quedado tiempo de pacificarlas como hoy están. Ya no nos falta de buscar sino escoger en qué gastemos el tiempo, pues lo tenemos cual lo deseamos, que puede ser en el ocio más alegre y más propio de humanidad, como Tulio dice, que sermón gracioso y pulido; y pues entre las otras cosas en que excedemos a los animales brutos es una de las principales, que hablando podemos exprimir lo que sentimos, ¿quién no trabajará por exceder a otro en aquello que los hombres exceden a los animales? Bien parece vuestra real excelencia haber leído aquello que Ciro usaba decir: «Cosa torpe es imperar el que no excede a sus súbitos en todo género de virtud»; y vuestra muy alta señoría que tiene tal dechado de que sacar mirando a las excelencias y virtudes de sus clarísimos padres, bien lo pone por la obra, pues dejados los primeros rudimentos y cunábulos, entre sus claras victorias se ha criado en el gremio de la dulce filosofía, favoreciendo los ingenios de sus súbitos, incitándolos a la ciencia con ejemplo de sí mismo. así que, mirando todas estas cosas, acordé de hacer un Arte de poesía castellana, por donde se pueda mejor sentir lo bien o mal trovado, y para enseñar a trovar en nuestra lengua, si enseñar se puede, porque es muy gentil ejercicio en el tiempo de ociosidad. Y confiando en la virtud de vuestra real majestad, atrevíme a dedicar esta obra a su excelente ingenio, donde ya florecen los remos de la sabiduría, para si fuere servido, estando desocupado de sus arduos negocios, ejercitarse en cosas poéticas y trovadas en nuestro castellano estilo, porque lo que ya su vivo juicio por natural razón conoce, lo pueda ver puesto en arte, según lo que mi flaco saber alcanza; no porque crea que los poetas y trovadores se hayan de regir por ella, siendo yo el menor dellos, mas por no ser ingratoso a esta facultad si algún nombre me ha dado, o si merezco tener siquiera el más bajo lugar entre los poetas de nuestra nación. Y así mismo porque según dice el doctísimo maestro Antonio de Lebrija, aquél que desterró de nuestra

España los barbarismos que en la lengua latina se habían criado, una de las que le movieron a hacer Arte de romance fue que creía nuestra lengua estar agora más empinada y pulida que jamás estuvo, de donde más se podía temer el descendimiento que la subida. Y así yo, por esta misma razón, creyendo nunca haber estado tan puesta en la cumbre nuestra poesía y manera de trovar, parecióme ser cosa muy provechosa ponerla en arte y encerrarla debajo de ciertas leyes y reglas, porque ninguna antigüedad de tiempos le pueda traer olvido. Y digo estar agora puesta en la cumbre, a lo menos cuanto a las observaciones, que no dudo nuestros antecesores haber escrito cosas más dinas de memoria, porque allende de tener más vivos ingenios, llegaron primero y aposentáronse en las mejores razones y sentencias; y si algo de bueno nosotros decimos, dellos lo tomamos, que cuando más procuramos huir de lo que ellos dijeron, entonces vamos a caer en ello, por lo quel será forzado cerrar la boca o hablar por boca de otro, que según dice un común proverbio: «No hay cosa que no estén dicha», y bien creo haber otros que primero que yo tomasen este trabajo y más copiosamente, mas es cierto que a mí noticia no ha llegado, salvo aquello que el notable maestro de Lebrija en su Arte de romance acerca desta facultad muy perfectamente puso. Mas yo no entiendo entrar en tan estrecha cuenta, lo uno por la falta de mi saber, y lo otro porque no quiero tocar más de lo que a nuestra lengua satisface, y algo de lo que toca a la dignidad de la poesía, que no en poca estima y veneración era tenida entre los antiguos, pues el exordio y invención della fue referido a sus dioses, así como Apolo, Mercurio y Baco, y a las musas, según parece por las invocaciones de los antiguos poetas, de donde nosotros las tomamos, no porque creamos como ellos ni los tengamos por dioses invocándolos, que sería grandísimo error y herejía, mas por seguir su gala y orden poética, que es haber de proponer, invocar y narrar o contar en las ficciones graves y arduas, de tal manera que siendo ficción la obra, es mucha razón que no menos sea fingida y no verdadera la invocación della. Mas cuando hacemos alguna obra principal de devoción o que toque a nuestra fe, invocamos al que es la misma verdad o a su Madre preciosa o a algunos santos que sean intercesores y medianeros para alcanzarnos la gracia. Hallamos eso mismo acerca de los antiguos, que sus oráculos y vaticinaciones se daban en versos, y de aquí vino los poetas llamarse vates, así como hombres que cantan las cosas divinas, y no solamente la poesía tuvo esta preeminencia en la vana gentilidad, mas aun muchos libros del Testamento Viejo, según da testimonio san Jerónimo, fueron escritos en metro en aquella lengua hebraica, la cual, según nuestros doctores, fue más antigua que la de los griegos, porque no se hallará escritura griega tan antigua como los cinco libros de Moisés; y no menos en Grecia que fue la madre de las liberales artes, podemos creer la poesía ser más antigua que la oratoria. cuanto al efecto de la poesía, quiérome contentar con dos ejemplos que escribe Justino en su Epitoma, porque si hubiese de contar todas las alabanzas y efectos della, por larga que fuese la vida antes faltaría el tiempo que la materia; y es el primero ejemplo que como entre los atenienses y megarenses se recibiesen grandes daños de una parte a la otra, sobre la posesión de la isla Salamina, fatigados ambos pueblos de las continuas muertes, comenzaron así, los unos como los otros, a poner pena capital entre sí a cualquiera que hiciese mención de tal demanda. Solón, legislador de Atenas, viendo el daño de su república, simulándose loco salió delante todo el pueblo y amonestándolo en versos le movió de tal manera que no se dilató más la guerra, de la cual consiguieron victoria. El segundo ejemplo es que teniendo los lacedemonios guerra con los mesenios fueles dicho por sus oráculos que no podían vencer sin capitán ateniense, y los atenienses, en menosprecio, enviáronles un poeta cojo, llamado Tirteo, para que lo tomasen por capitán. Los lacedemonios muy fatigados con los daños recibidos, se volvían a su tierra, más con mengua que con honra, a los cuales el poeta Tirteo, con la fuerza de sus versos de tal manera inflamó, que olvidados de sus propias vidas mudaron el propósito y, volviendo, quedaron victoriosos. Y no en vano cantaron los poetas que Orfeo ablandaba las piedras con sus dulces versos, pues que la suavidad de la poesía enternecía los duros corazones de los tiranos, como parece por una epístola de Falaris, tirano famoso en crueldad, que no por otra cosa otorgó la vida a Estesicoro, poeta, salvo porque hacía graciosos versos, y Pisístrato, tirano de Atenas, no halló otro camino para echar de sí el odio de la tiranía y gratificarse con el pueblo, salvo mandando buscar los versos de Homero, propuesto premio a quien los pusiese por orden. Pues ¿qué diré en nuestra religión cristiana cuánto conmueven a devoción los devotos y dulces himnos, cuyos autores fueron Hilario, Ambrosio y otros muy prudentes y santísimos varones?; y santo Agustino escribió seis libros desta facultad intitulados Música, para descanso de otros más graves estudios, en los cuales seis libros trata de los géneros de versos y de cuántos pies consta cada verso, y cada pie de cuántas sílabas. Suficientemente creo haber probado la autoridad y antigüedad de la poesía y en cuánta estima fue tenida acerca de los antiguos y de los nuestros, aunque algunos hay que, queriendo parecer graves y severos, malignamente la destierran de entre los humanos como ciencia ociosa, volviendo a la facultad la culpa de aquellos que mal usan della, a los cuales debía bastar, para convencer su error, la multitud de poetas que florecieron en Grecia y en Roma, que, cierto, si no fuera facultad honesta, no creo que Sófocles alcanzara magistrados, preturas y capitanías en Atenas, madre de las ciencias de humanidad. Mas dejados éstos con su livor y malicia, bienaventurado príncipe, suplico a vuestra real señoría para en tiempo de ocio reciba este pequeño servicio por muestra de mi deseo.

Sentencia es muy averiguada entre los poetas latinos ser por vicio reputado el acabar de los versos en consonantes y en semejanza de palabras, aunque algunas veces hallamos los poetas de mucha autoridad, con el atrevimiento de su saber, haber usado y puesto por gala aquello que a otros fuera condenación de su fama, como parece por Virgilio en el epigrama que dice «Sic vos non vobis», etc. Mas los santos y prudentes varones que compusieron los himnos en nuestra cristiana religión, escogieron por bueno lo que acerca de los poetas era tenido por malo, que gran parte de los himnos van compuestos por consonantes y encerrados debajo de cierto número de sílabas; y no sin causa estos sabios y doctísimos varones en este ejercicio se ocuparon, porque bien mirado, estando el sentido repartido entre la letra y el canto, muy mejor puede sentir y acordarse de lo que va cantando por consonantes que en otra manera, porque no hay cosa que más a la memoria nos traiga lo pasado que la semejanza dello. De aquí creo haber venido nuestra manera de trovar, aunque no dudo que en Italia floreciese primero que en nuestra España y de allí descendiese a nosotros; porque si bien queremos considerar, según sentencia de Virgilio, allí fue el solar del linaje latino, y cuando Roma se enseñoreó de aquesta tierra, no solamente recibimos sus leyes y constituciones, mas aun el romance, según su nombre da testimonio, que no es otra cosa nuestra lengua sino latín corrompido. Pues, ¿por qué no confesaremos aquello que del latín desciende, haberlo recibido de quien la lengua latina y el romance recibimos?, cuanto más que claramente parece, en la lengua italiana haber habido muy más antiguos poetas que en la nuestra, así como el Dante y Francisco Petrarca y otros notables varones que fueron antes y después, de donde muchos de los nuestros hurtaron gran copia de singulares sentencias, el cual hurto, como dice Virgilio, no debe ser vituperado, mas digno de mucho loor, cuando de una lengua en otra se sabe galanamente cometer. Y si queremos argüir de la etimología del vocablo, si bien miramos, trovar, vocablo italiano es, que no quiere decir otra cosa trovar, en lengua italiana, sino hallar; pues, ¿qué cosa es trovar, en nuestra lengua, sino hallar sentencias y razones y consonantes y pies de cierta medida adonde las incluir y encerrar? así que, concluyamos luego el trovar haber cobrado sus fuerzas en Italia, y de allí esparcídolas por nuestra España, adonde creo que ya florece más que en otra ninguna parte.

Capítulo II. De cómo consiste en arte la poesía y el trovar

Aunque otra cosa no respondiésemos para probar que la poesía consiste en arte, bastaba el juicio de los clarísimos autores que intitularon de arte poética los libros que desta facultad escribieron, y ¿quién será tan fuera de razón, que llamándose arte el oficio de tejer o herrería, o hacer vasijas de barro o cosas semejantes, piense la poesía y el trovar haber venido sin arte en tanta dignidad? Bien sé que muchos contenderán para en esta facultad ninguna otra cosa requerirse, salvo el buen natural, y concedo ser esto lo principal y el fundamento; mas tan bien afirmo pulirse y alindarse mucho con las observaciones del arte, que si al buen ingenio no se juntase el arte, sería como una tierra fructífera y no labrada. Conviene luego confesar desta facultad lo que Cicerón en el De perfeto oratore, y lo que los profesiones de gramática suelen hacer en la definición della, y lo que creo ser de todas las otras artes, que no son sino observaciones sacadas de la flor del uso de varones doctísimos, y reducidas en reglas y preceptos, porque según dicen los que hablaron del arte, todas las artes conviene que tengan cierta materia, y algunos afirman la oratoria no tener cierta materia, a los cuales convence Quintiliano diciendo que el fin del orador o retórico es decir cosas, aunque algunas veces no verdaderas, pero verisímiles, y lo último es persuadir y demulcir el oído. Y si esto es común a la poesía con la oratoria o retórica, queda lo principal, conviene a saber, ir incluido en números ciertos, para lo cual el que no discutiere los autores y preceptos, es imposible que no le engañe el oído, porque según doctrina de Boecio en el libro de música, muchas veces nos engañan los sentidos; por tanto, debemos dar mayor crédito a la razón. Comoquiera que, según nos demuestra Tulio y Quintiliano, números hay que debe seguir el orador, y huir otros, mas esto ha de ser más disimuladamente y no tiene de ir astrito a ellos como el poeta que no es éste su fin.

Capítulo III. De la diferencia que hay entre poeta y trovador

Según es común uso de hablar en nuestra lengua, al trovador llaman poeta y al poeta trovador, ora guarde la ley de los metros ora no; mas a mí me parece que quanta diferencia hay entre músico y cantor, entre geómetra y pedrero, tanta debe haber entre poeta y trovador. Quanta diferencia aya del músico al cantor y del geómetra al pedrero, Boecio nos lo enseña, que el músico contempla en la especulación de la música, y el cantor es oficial della. Esto mismo es entre el geómetra y pedrero y poeta y trovador, porque el poeta contempla en los géneros de los versos, y de cuántos pies consta cada verso, y el pie de cuántas sílabas, y aún no se contenta con esto, sin examinar la cantidad dellas. Contempla, eso mismo, qué cosa sea consonante s y asonante, y cuando pasa una sílaba por dos, y dos sílabas por una, y otras muchas cosas de las cuales en su lugar adelante trataremos. así que, cuánta diferencia hay de señor a esclavo, de capitán a hombre de armas sujeto a su capitanía, tanta a mi ver hay de trovador a poeta; mas pues estos dos nombres sin ninguna diferencia entre los de nuestra nación confundimos, mucha razón es que quien quisiere gozar del nombre de poeta o trovador, haya de tener todas estas cosas. ¡O, cuántos vemos en nuestra España estar en reputación de trovadores, que no se les da más por echar una sílaba y dos demasiadas que de menos, ni se curan que sea buen consonante que malo!; y pues se ponen a hacer en metro, deben mirar y saber que metro no quiere decir otra cosa sino mensura, de manera que lo que no lleva cierta mensura y medida, no debemos decir que va en metro, ni el que lo hace debe gozar de nombre de poeta ni trovador.

Capítulo IV. De lo principal que se requiere para aprender a trovar

En lo primero amonestamos a los que carecen de ingenio y son más aptos para otros estudios y ejercicios, que no gasten su tiempo en vano leyendo nuestros preceptos, pudiéndolo emplear en otra cosa que les sea más natural, y tomen por sí aquel dicho de Quintiliano, en el primero de sus Instituciones, que ninguna cosa aprovechan las artes y preceptos, adonde fallece natura, que a quien ingenio falta, no le aprovecha más esta arte que preceptos de agricultura a tierras estériles. De aqueste género de hombres habrá muchos que reprehenderán esta obra, unos que no la entenderán, otros que no sabrán usar della, a los cuales respondo con un dicho de santo Agustino, en el primero de doctrina cristiana, diciendo que si yo con mi dedo mostrase a uno alguna estrella, y él tuviese tan debilitados los ojos que ni viese el dedo ni la estrella, no por eso me debía culpar, y eso mismo si viese el dedo y no la estrella, debía culpar el defecto de su vista y no a mí. así que, aqueste nuestro poeta que establecemos instituir, en lo primero venga dotado de buen ingenio; y porque creo que para los medianamente enseñados está la verdad más clara que la luz, si hubiere algunos tan bárbaros que persistan en su pertinacia, dejados como incurables, nuestra exhortación se enderece a los mancebos estudiosos, cuyas orejas las dulces musas tienen conciliadas. Es menester, allende desto, que el tal poeta no menosprecie la elocución, que consiste en hablar puramente, elegante y alto cuando fuere menester, según la materia lo requiere, los cuales preceptos porque son comunes a los oradores y poetas, no los esperen de mí, que no es mi intención hablar, salvo de solo aquello que es propio del poeta. Mas, para cuanto a la elocución, mucho aprovecha, según es doctrina de Quintiliano, criarse desde la tierna niñez adonde hablen muy bien, porque como nos enseña Oracio, cualquiera vasija de barro guarda para siempre aquel olor que recibió cuando nueva. Y después desto debe ejercitarse en leer no solamente poetas y historias en nuestra lengua, mas tan bien en lengua latina; y no solamente leerlos como dice Quintiliano, mas discutirlos en los estilos y sentencias y en las licencias, que no leerá cosa el poeta en ninguna facultad de que no se aproveche para la copia que le es muy necesaria, principalmente en obra larga.

Capítulo V. De la mensura y examinación de los pies y de las maneras de trovar

Toda la fuerza del trovar está en saber hacer y conocer los pies, porque dellos se hacen las coplas y por ellos se miden; y pues así es, sepamos qué cosa es pie. Pie no es otra cosa en el trovar sino un ayuntamiento de cierto número de sílabas, y llámase pie porque por él se mide todo lo que trovamos y sobre los tales pies corre y roda el sonido de la copla. Mas para que mejor vengamos en el verdadero conocimiento, debemos considerar que los latinos llaman verso a lo que nosotros llamamos pie, y nosotros podremos llamar verso adondequiera que hay ayuntamiento de pies que comúnmente llamamos copla, que quiere decir cópula o ayuntamiento. Y bien podemos decir que en una copla aya dos versos, así como si es de ocho pies y va de cuatro en cuatro son dos versos, o si es de nueve, el un verso es de cinco y el otro de cuatro, y si es de diez puede ser el un verso de cinco y el otro de otros cinco, y así por esta manera podemos poner otros ejemplos infinitos. Hay en nuestro vulgar castellano dos géneros de versos o coplas, el uno cuando el pie consta de ocho sílabas o su equivalencia, que se llama arte real, y el otro se compone de doce o su equivalencia, que se llama arte mayor, digo su equivalencia porque bien puede ser que tenga más o menos en cantidad, mas en valor es imposible para ser el pie perfecto. Y bien parece nosotros haber tomado del latín el trovar, pues en él se hallan estos dos géneros antiguamente, de ocho sílabas así como «Jam lucis orto sidere», de doce así como «Mecenas atavis edite regibus», así que cuando el pie no tuviere más de ocho sílabas llamarle hemos de arte real, como lo que dijo Juan de Mena: «Después quel pintor del mundo», y si fuere de doce ya sabremos ques de arte mayor, así como el mismo Juan de Mena en las Trescientas: «Al muy prepotente don Juan el segundo». Dije que podían, a las veces, llevar más o menos sílabas los pies, entiéndese aquello en cantidad o contando cada una por sí, mas en el valor o pronunciación ni son más ni menos. Pueden ser más en cantidad cuando una dicción acaba en vocal y la otra que se sigue tan bien en el mismo pie comienza en vocal, que, aunque son dos sílabas, no valen sino por una, ni tardamos más tiempo en pronunciar ambas que una, así como dice Juan de Mena: «Paró nuestra vida ufana». Habemos tan bien de mirar que cuando entre la una vocal y la otra estuviere la h, que es aspiración, entonces, a las veces acontece que pasan por dos y a las veces por una, y juzgarlo hemos según el común uso de hablar o según viéremos que el pie lo requiere, y esto tan bien habrá lugar en las dos vocales sin aspiración. Tan bien pueden ser más cuando las dos sílabas postreras del pie son ambas breves, que entonces no valen ambas sino por una; mas es en tanto grado nuestro común acentuar en la penúltima sílaba, que muchas veces cuando aquellas dos sílabas del cabo vienen breves, hacemos luenga la que está antes de la postrera, así como en otro pie dice: «De la viuda Penélope». Puede tan bien, al contrario, ser menos de ocho y den doce cuando la última es luenga, que entonces vale por dos y tanto tardamos en pronunciar aquella sílaba como dos, de manera que pasarán siete por ocho, como dijo frey Iñigo: «Aclara Sol divinal». Mas, porque en el arte mayor los pies son intercisos, que se pueden partir por medio, no solamente puede pasar una sílaba por dos cuando la postrera es luenga, mas tan bien, si la primera o la postrera fuera luenga, así del un medio pie como del otro, que cada una valdrá por dos. Hay otro género de trovar que resulta de los sobredichos que se llama pie quebrado, que es medio pie, así de arte real como de mayor; del arte real son cuatro sílabas o su equivalencia y éste suélese trovar, el pie quebrado mezclado con los enteros, y a las veces pasan cinco sílabas por medio pie y entonces decimos que va la una perdida, así como dijo don Jorge: «como debemos». En el arte mayor, cuando se parten los pies y van quebrados, nunca suelen mezclarse con los enteros, mas antes todos son quebrados, según parece por muchos villancicos que hay de aquesta arte trovados.

Capítulo VI. De los consonantes y asonantes y de la examinación dellos

Después de haber visto y conocido la mensura y examinación de los pies, resta conocer los consonantes y asonantes, los cuales siempre se aposentan y hacinan en el cabo de cada pie y son principales miembros y partes del mismo pie; y porque el propio acento de nuestra lengua comúnmente es en la penúltima sílaba, allí debemos buscar y examinar los consonantes y asonantes. Consonante se llama todas aquellas letras o sílabas que se ponen desde donde está el postrer acento agudo o alto hasta el fin del pie, así como si el un pie acabase en esta dicción: «vida», y el otro acabase en otra dicción que dijese: «despedida», entonces diremos que desde la «i», donde está el acento largo, hasta el cabo es consonante, y por eso se llama consonante, porque ha de consonar el un pie con el otro con las mismas letras desde aquel acento agudo o alto que es aquella «i». Mas cuando el pie acaba en una sílaba luenga que vale por dos, entonces contamos aquella sola por última y penúltima y desde aquella vocal donde está el postrer acento largo, desde allí ha de consonar un pie con otro con las mismas letras, así como si el un pie acaba en «corazón», y el otro en «pasión», desde aquel «ón», que vale por dos sílabas, decimos que es el consonante. Y si acabase el pie en dos sílabas breves y estuviese el acento agudo en la antepenúltima, entonces diremos que el consonante es desde aquella antepenúltima, porque las dos postreras, que son breves, no valen sino por una, de manera que todo se sale a un cuento, así como si el pie acabase en «quiéreme», y el otro en «hiéreme», entonces desde la «e» primera adonde está el acento alto es consonante que ha de consonar con las mismas letras. Hay tan bien otros que se llaman asonantes, y cuéntanse por los mismos acentos de los consonantes, mas difiere el un asonante del otro en alguna letra de las consonantes, que no de las vocales; y llámase asonante porque es a semejanza del consonante, aunque no con todas las mismas letras, así como Juan de Mena dijo en la Coronación, que acabó un pie en «proverbios», y otro en «soberbios», adonde pasa una v por una b, y esto suélese hacer en defecto de consonante, aunque b por v, y v por b muy usado está, porque tienen gran hermandad entre sí, así como si decimos viva y reciba, y otros muchos ejemplos pudiéramos traer, mas dejémoslos por evitar prolijidad. Y allende desto, habémonos de guardar que no pongamos un consonante dos veces en una copla, y aun si ser pudiere no lo debemos repetir hasta que paseen veinte coplas, salvo si fuere obra larga, que entonces podrémoslo tornar a repetir a tercera copla o dende adelante habiendo necesidad; y cualquiera copla se ha de hacer de diversos consonantes, dando a cada pie compañero o compañeros, porque si fuesen todos los pies de unos consonantes parecería muy mal. Y habemos de notar que sílabas breves en el romance llamamos todas las que tienen el acento bajo, y luengas o agudas se dicen las que tienen alto el acento, aunque en el latín no vayan por esta cuenta.

Capítulo VII. De los versos y coplas y de su diversidad

Según ya dijimos arriba, debemos mirar que de los pies se hacen los versos y coplas; mas porque algunos querrán saber de cuántos pies han de ser, digamos algo dello brevemente. Muchas veces vemos que algunos hacen solo un pie y aquél ni es verso ni copla porque avían de ser pies y no solo un pie, ni hay allí consonante, pues que no tiene compañero, y aquel tal suélese llamar mote; y si tiene dos pies llamámosle tan bien mote o villancico, o letra de alguna invención por la mayor parte; si tiene tres pies enteros o el uno quebrado tan bien será villancico o letra de invención, y entonces el un pie ha de quedar sin consonante, según más común uso; y algunos hay del tiempo antiguo de dos pies y de tres que no van en consonante, porque entonces no guardaban tan estrechamente las observaciones del trovar. Y si es de cuatro pies puede ser canción y ya se puede llamar copla, y aun los romances suelen ir de cuatro en cuatro pies, aunque no van en consonante sino el segundo y el cuarto pie y aun los del tiempo viejo no van por verdaderos consonantes. Y todas estas cosas suelen ser de arte real, que el arte mayor es más propia para cosas graves y arduas; y de cinco pies tan bien hay canciones y de seis; y puédense llamar versos y coplas y hacer tantas diversidades cuantas maneras hubiere de trocarse los pies; mas desde seis pies arriba por la mayor parte suelen tornar a hacer otro ayuntamiento de pies, de manera que serán dos versos en una copla, y comúnmente no sube ninguna copla de doce pies arriba porque parecería desvariada cosa, salvo los romances, que no tienen número cierto.

Capítulo VIII. De las licencias y colores poéticos y de algunas galas del trovar

De muchas licencias y figuras pueden usar los poetas por razón del metro y por la necesidad de los consonantes; mayormente en el latín hay figuras infinitas y algunas dellas han pasado en el uso de nuestro castellano trovar, de las cuales no haremos mención más de cuanto a nuestro propósito satisface. Tiene el poeta y trovador licencia para acortar y sincopar cualquiera parte o dicción, así como Juan de Mena en una copla que dijo: «El hi de María», por decir: el hijo de María, y en otra parte dijo: «que nol pertenece», por decir: que no le pertenece, y en otra dijo: «agenores», por agenórides; puede así mismo corromper y extender el vocablo, así como el mismo Juan de Mena en otra copla que dijo «Cadino», por Cadmo, y los lagos «Metroes», por Meótides, y puede tan bien mudarle el acento, así como en otro lugar donde dice «platanos», por plátanos, y en otro: «Penolope», por Penolopé; tiene tan bien licencia para escribir un lugar por otro, como Juan de Mena que puso una Tebas por otra, y puede tan bien poner una persona por otra, y un nombre por otro, y la parte por el todo y el todo por la parte. Otras muchas más figuras y licencias pudiéramos contar, mas porque los modernos gozan de la brevedad, contentémonos con éstas, las cuales no debemos usar muy a menudo pues que la necesidad principalmente fue causa de su invención, aunque verdad sea que muchas cosas al principio la necesidad ha introducido que después el uso las ha aprobado por gala, así como los trajes, las casas y otras infinitas cosas que serían muy largas de contar. Hay tan bien mucha diversidad de galas en el trovar, especialmente de cuatro o cinco principales debemos hacer fiesta: hay una gala de trovar que se llama encadenado que en el consonante que acaba el un pie en aquél comienza el otro, así como una copla que dice:

«Soy contento ser cautivo
cautivo en vuestro poder
poder dichoso ser vivo
vivo con mi mal esquivo
esquivo no de querer», etc.

Hay otra gala de trovar que se llama retrocado, que es cuando las razones se retruecan, como una copla que dice:

«Contentaros y serviros

serviros y contentaros», etc.

Hay otra gala que se dice redoblado, que es cuando se redoblan las pa-
labras, así como una canción que dice:

«No quiero querer querer
sin sentir sentir sufrir
por poder poder saber», etc.

Hay otra gala que se llama multiplicado, que es cuando en un pie van
muchos consonantes, así como en una copla que dice:

«Desear gozar amar
con amor dolor temor», etc.

Hay otra gala de trovar que llamamos reiterado, que es tornar cada pie
sobre una palabra, así como una copla que dice:

«Mirad cuán mal lo miráis
mirad cuán penado vivo
mirad cuánto mal recibo», etc.

Estas y otras muchas galas hay en nuestro castellano trovar, mas no las
debemos usar muy a menudo, que el guisado con mucha miel no es bueno
sin algún sabor de vinagre.

Capítulo IX y final. De cómo se deben escribir y leer las coplas

Débense escribir las coplas de manera que cada pie vaya en su renglón, ora
sea de arte real ora de arte mayor, ora sea de pie quebrado ora de entero,
y si en la copla hubiere dos usos, así como si es de siete y los cuatro pies
son un uso y los tres otro, o si es de ocho y los cuatro son un uso y los otros
cuatro otro, o si es de nueve y los cinco son un verso y los cuatro otro, etc.,
siempre entre uso y uso se ponga coma: que son dos puntos uno sobre
otro, y en fin de la copia hase de poner colum que es un punto solo, y en los

nombres propios que no son muy conocidos o en las palabras que pueden tener dos acentos, debemos poner sobre la vocal adonde se hace el acento luengo un ápice, que es un rasguito como el de la «i», así como en ámo cuando yo ámo, y amó cuando otro amó, y hanse de leer de manera que entre pie y pie se pare un poquito sin cobrar aliento, y entre verso y verso parar un poquito más, y entre copla y copla un poco más para tomar aliento.

Cristóbal de Castillejo (1492-1550)
Represión contra los poetas españoles que escriben verso en italiano

Pues la santa Inquisición
Suele ser tan diligente
En castigar con razón
Cualquier secta y opinión
Levantada nuevamente,
Resucítese Lucero,
A corregir en España
Una tan nueva y extraña,
Como aquella de Lutero
En las partes de Alemaña.
Bien se pueden castigar
A cuenta de anabaptistas,
Pues por ley particular
Se tornan a bautizar
Y se llaman petrarquistas.
Han renegado la fe
De las trovas castellanas,
Y tras las italianas
Se pierden, diciendo que
Son más ricas y lozanas,
El juicio de lo cual
Yo lo dejo a quien más sabe;
Pero juzgar nadie mal
De su patria natural
En gentileza no cabe;
Y aquella cristiana musa
Del famoso Joan de Mena,
Sintiendo desto gran pena,
Por infieles los acusa
Y de aleves los condena.

«Recuerde el alma dormida»
Dice don Jorge Manrique;
Y muéstrese muy sentida
De cosa tan atrevida,
Por que más no se platique.
Garci-Sánchez respondió:
«¡Quién me otorgase, señora,
Vida y seso en esta hora
Para entrar en campo yo
Con gente tan pecadora!»
«Si algún Dios de amor había,
Dijo luego Cartagena,
Muestre aquí su valentía
Contra tan gran osadía,
Venida de tierra ajena».
Torres Naharro replica:
«Por hacer, Amor, tus hechos
Consientes tales despechos,
Y que nuestra España rica
Se prive de sus derechos».
Dios dé su gloria a Boscán
Y a Garcilaso poeta,
Que con no pequeño afán
Y por estilo galán
Sostuvieron esta seta,
Y la dejaron acá
Ya sembrada entre la gente;
Por lo cual debidamente
Les vino lo que dirá
Este soneto siguiente:

SONETO
Garcilaso y Boscán, siendo llegados
Al lugar donde están los trovadores

Que en esta nuestra lengua y sus primores
Fueron en este siglo señalados,
Los unos a los otros alterados
Se miran, con mudanza de colores,
Temiéndose que fuesen corredores
Espías o enemigos desmandados;
Y juzgando primero por el traje,
Pareciéronles ser, como debía,
Gentiles españoles caballeros;
Y oyéndoles hablar nuevo lenguaje
Mezclado de extranjera poesía,
Con ojos los miraban de extranjeros.

Mas ellos, caso que estaban
Sin favor y tan a solas,
Contra todos se mostraban,
Y claramente burlaban
De las coplas españolas,
Canciones y villancicos,
Romances y cosa tal,
Arte mayor y real,
Y pies quebrados y chicos,
Y todo nuestro caudal.
Y en lugar destas maneras
De vocablos ya sabidos
En nuestras trovas caseras,
Cantan otras forasteras,
Nuevas a nuestros oídos:
Sonetos de grande estima,
Madrigales y canciones
De diferentes renglones,
De octava y tercera rima
Y otras nuevas invenciones.
Desprecian cualquiera cosa

De coplas compuestas antes,
Por baja de ley, y astrosa
Usan ya de cierta prosa
Medida sin consonantes.
A muchos de los que fueron
Elegantes y discretos
Tienen por simples pobretos,
Por solo que no cayeron
En la cuenta a los sonetos.

Daban, en fin, a entender
Aquellos viejos autores
No haber sabido hacer
Buenos metros ni poner
En estilo los amores;
Y qu'el metro castellano
No tenía autoridad
De decir con majestad
Lo que se dice en toscano
Con mayor felicidad.

Mas esta falta o manquera
No la dan a nuestra lengua,
Qu'es bastante y verdadera,
Sino solo dicen que era
De buenos ingenios mengua;
Y a la causa en lo pasado
Fueron todos carecientes
Destas trovas excelentes
Que han descubierto y hallado
Los modernos y presentes.

Viendo pues que presumían
Tanto de su nueva ciencia,

Dijéronles que querían
De aquello referían
Ver algo por experiencia;
Para prueba de lo cual,
Por muestra de novel uso,
Cada cual de ellos compuso
Una rima en especial,
Cual se escribe aquí de yuso.

SONETO

Si las penas que dais son verdaderas,
Como bien lo sabe el alma mía,
¿Por qué no me acaban? y sería
Sin ellas el morir muy más de veras;
Y si por dicha son tan lisonjeras,
Y quieren retozar con mi alegría,
Decid, ¿por qué me matan cada día
De muerte de dolor de mil maneras?
Mostradme este secreto ya, señora,
Sepa yo por vos, pues por vos muero,
Si lo que padezco es muerte o vida;
Porque, siendo vos la matadora,
Mayor gloria de Pena ya no quiero
Que poder alegar tal homicida.

OCTAVA

Ya que mis tormentos son forzados,
Bien que son sin fuerza consentidos.
¿Qué mayor alivio en mis cuidados
Que ser por vuestra causa padecidos?
Si como son en vos bien empleados
De vos fuesen, señora, conocidos,
La mayor angustia de mi pena
Sería de descanso y gloria llena.

Juan de Mena, como oyó
La nueva trova pulida,
Contentamiento mostró,
Caso que se sonrió
Como de cosa sabida,
Y dijo: «Según la prueba,
Once sílabas por pie
No hallo causa por qué
Se tenga por cosa nueva,
Pues yo mismo las usé.

Don Jorge dijo: «No veo
Necesidad ni razón
De vestir nuevo deseo
De coplas que por rodeo
Van diciendo su intención.
Nuestra lengua es muy devota
De la clara brevedad,
Y esta trova, a la verdad,
Por el contrario, denota
Oscura prolijidad».

Garci-Sánchez se mostró
Estar con alguna saña,
Y dijo: «No cumple, no,
Al que en España nació
Valerse de tierra extraña;
Porque en solas mis lecciones,
Miradas bien sus estancias,
Veréis tales consonancias,
Que Petrarca y sus canciones
Queda atrás en elegancias».

Cartagena dijo luego,
Como plático en amores:
«Con la fuerza d'este fuego
No nos ganarán el juego
Estos nuevos trovadores;
Muy melancólicas son
Estas trovas, a mi ver,
Enfadosas de leer,
Tardías de relación
Y enemigas de placer».

Torres dijo: «Si yo viera
Que la lengua castellana
Sonetos de mí sufriera,
Fácilmente los hiciera,
Pues los hice en la romana;
Pero ningún sabor tomo
En coplas tan altaneras,
Escritas siempre de veras,
Que corren con pies de plomo,
Muy pesadas de caderas».

Al cabo la conclusión
Fue que por buena crianza
Y por honrar la invención
De parte de la nación
Sean dignas de alabanza.
Y para que a todos fuese
Manifiesto este favor,
Se dio cargo a un trovador
Que aquí debajo escribiese
Un soneto en su loor.

SONETO

Musas italianas y latinas,
Gentes en estas partes tan extraña,
¿Cómo habéis venido a nuestra España
Tan nuevas y hermosas clavellinas?
O ¿quién os ha traído a ser vecinas
Del Tajo, de sus montes y campaña?
O ¿quién es el que os guía y acompaña
De tierras tan ajenas peregrinas?—
—Don Diego de Mendoza y Garcilaso
Nos trajeron, y Boscán y Luis de Haro
Por orden y favor del dios Apolo.
Los dos llevó la muerte paso a paso,
Solimán el uno y por amparo
Nos queda don Diego, y basta solo.

Contra los encarecimientos de las coplas españolas que hablan de amores

Estando conmigo a solas,
Me viene un antojo loco
De burlar con causa un poco
De las trovas españolas
Al presente;
De aquellas principalmente
Muy altas, encarecidas,
Excelentes y pulidas,
Que mucho estima la gente;
Y de aquellos extremados
Que por estilo perfeto
Sacan del pecho secreto
Hondos amores penados.
Son del cuento
Garci-Sánchez y otros ciento

Muy gentiles caballeros,
Que por caos cancioneros
Echan suspiros al viento.
No se me achaque o levante
Que me meto a decir mal
De aquel subido metal
De su decir elegante;
Antes siento
Pena de ver sin cimiento
Un tan gentil edificio,
Y unas obras tan sin vicio
Sobre ningún fundamento.
Los requiebros y primores
¿Quién los niega, de Boscán,
Y aquel estilo galán
Con que cuenta sus amores?
Mas trovada
Una copla muy penada,
El mismo confesará
Que no sabe dónde va
Ni se funda sobre nada.
Aunque no por un tenor,
Todos van por un camino;
También sabe Guardamino
Quejar su mal y dolor
Sin paciencia;
No hay dél otra diferencia.
Al que se cuelga de un hilo,
Que no ser tal el estilo
Sobre la misma sentencia.
Y de aquí debe venir
Que contando sus pasiones,
Las más más comparaciones
Van a parar en morir;

Van de suerte
Que nunca salen de muerte
O de perderse la vida;
Quitaldes esta guarida,
No habrá copla que se acierte.
Por donde los trovadores
Son de burlas y reír
Que no se dan a escribir
Sino penas y dolores.
¡Cosa vana,
Que la lengua castellana,
Tan cumplida y singular,
Se haya toda de emplear
En materia tan liviana!
Coplas dulces, placenteras,
No pecan en liviandad,
Pero pierde autoridad
Quien las escribe de veras,
Y entremete
El seso por alcahuete
En los misterios de amor;
Cuanto más si el trovador
Pasa ya del caballete.
Y algunos hay, yo lo sé,
Que hacen obras fundadas
De coplas enamoradas,
Sin tener causa por qué.
Y esto está
En costumbre tanto ya,
Que muchos escriben penas
Por remedar las ajenas,
Sin saber quién se las da.
Pero digo que arda en ellas
De los pies a la cabeza,

Decidme, ¿a quién endereza
Sus coplas y sus querellas?
Si las vende
A la dama que le prende,
¿Qué mayor desaventura
Que hablar por escritura
Con quien sé que no la entiende?
Cuanto más que ni leer
Las más saben ni escribir.
Y en el dar o recibir
Aún hay algo que hacer.
Mal mascada
Vais, copla desventurada,
Y la que más os estima
Devana su seda encima,
Y quedáis vos allí aislada.
Ved qué donoso presente,
Que la que más fe aventura
Por gozar d'esta locura,
Ni la gusta ni la siente;
Y el provecho,
Es que por vuestro derecho,
Alguna dama loquilla,
Dirá por gran maravilla:
«¡Hay, qué coplas que me han hecho!»
Pues si donde era razón
Tan pequeño fruto hacen,
Con los demás, aunque aplacen,
Deshonesta cosa son,
Y muy vano
Ejercicio, y aun profano,
Publicar yo mis flaquezas,
Liviandades y bajezas,
Y escribirlas de mi mano.

Sobra de bien y pan tierno
Hace que los amadores
Comparen el mal de amores
A las penas del Infierno.
Tú, Cupido,
Estás muy favorecido
Pensando que aquello es,
Mas donde hay dolor francés
El tuyo queda en olvido.

FINAL

Coplas y locuras mías,
Vuestro tiempo se ha llegado
Para aliviar el enfado
Destos trabajosos días.
Todas pasaréis por buenas,
Siendo aquel que os da favor,
Por natura mi señor,
Y por suerte mi Mecenas.

Juan de la Cueva (Sevilla, 1543-1612)
Ejemplar poético

Epístola I

Sobre el ingenio y arte disputaron
Palas y el fiero hijo de la Muerte
a quien del cielo por odioso echaron.
La sabia diosa su razón convierte
en decir que el ingenio sin el arte

es ingenio sin arte cuando acierte.
De estas dos causas seguiré la parte
por do el ingenio inspira, el arte adiestra
sin que de su propósito me aparte.
Si admite la deidad sagrada vuestra,

Fébeas cultoras de Helicón divino,
comunicarse a la bajeza nuestra.
Y adiestrándome vos por el camino
de la vulgar rudeza desviado,
a su brutez profana siempre indino,

llegaré al punto en que veréis cantado
lo que el Arte al ingenio perfecciona,
y de quien es, si ha de acertar, guiado.
Sujeto es que repugna y abandona
de la mortal graveza la ignorancia,

y con puros espíritus razona.
Entre ellos hace dulce consonancia,
de quien recibe el numeroso acento
que lo adorna de afectos, y elegancia.
Vos a quien Febo Apolo da su asiento

y las Musas celebran en su canto
y el vuestro escuchan con discurso atento;
en mi temor que dificulta tanto
la extraña empresa, y me promete cierto,
la caída en el vuelo que levanto:

por este perturbado mar incierto
naufragando mi nave va a buscaros,
pues sois mi norte, a que seáis su puerto.
No va cargada —gran Fernando— a daros
ricas piedras de Oriente, ni preciosos

aromas, con que pueda regalaros.
Dones son los que os lleva más gloriosos,
de más estima, y de mayor riqueza
para la eternidad más poderosos.
De esta segura suerte la grandeza

se adquiere con los números, que el vuelo
cortan al tiempo en su mortal presteza.
Estos, son los que igualan con el cielo
los nombres, y así deben adornarse
con esplendor cual su lustroso velo.

De muchas cosas deben apartarse,
y otras muchas seguir precisamente
y por ley unas y otras observarse.
El verso advierta el escritor prudente
que ha de ser claro, fácil, numeroso

de sonido, y espíritu excelente.
Ha de ser figurado, y copioso
de sentencias, y libre de dicciones
que lo hagan humilde u escabroso.

La elevación de voces y oraciones

sublimes, muchas veces son viciosas
y enflaquecen la fuerza a las razones.
Vanse tras las palabras sonorosas
la hinchazón del verso, y la dulzura,
tras las sílabas llenas, y pomposas.

Entienden que está en esto la segura
felicidad y luz de la poesía
y que sin esto es lo demás horrura,
Si el verso consta solo de armonía
sonora, de razones levantadas,

ni fuerza a más, bien siguen esa vía.
Mas si las cosas han de ser tratadas
con puntual decoro del sujeto
faltaran, de ese modo gobernadas.
No explica bien el alma de un conceto

el que se va tras el galano estilo
a la dulzura del hablar sujeto.
Ni el que del vulgo sigue el común hilo
en término, y razones ordinarias
cual en su ditirámbica Grecilo.

Entrambas a dos cosas son contrarias
a la buena poesía, en careciendo
del medio, con las partes necesarias.
Caerá en el mismo yerro el que escribiendo
puramente en lenguaje castellano

se sale de él por escribir horrendo.
Cual ya dijo un poeta semi hispano

el centimano Gigans que vibraba,
que ni habló en romance, ni en romano.
Otro que de elevado se elevaba

dijo, el sonoro son y voz de Orfeo,
en mi espíritu interno modulaba.
Esta escabrosidad de estilo es feo,
sin ingenio, y sin arte, que es la llave
con que se abre el celestial museo.

Ha de ser el poeta dulce, y grave,
blando en significar sus sentimientos,
afectuoso en ellos, y suave.
Ha de ser de sublimes pensamientos,
vano, elegante, terso, generoso,

puro en la lengua, y propio en los acentos.
Ha de tener ingenio y ser copioso,
y este ingenio, con arte cultivallo,
que no será sin ella fructuoso.
Fruto dará, mas cual conviene dallo

no puede ser, que ingenio falto de arte
ha de faltar si quieren apretallo.
No se puede negar que no es la parte
más principal, y que sin arte vemos
lo que Naturaleza le reparte.

Y aunque es verdad que algunos conocemos
que con su ingenio solo han merecido
nombre, lugar común les concedemos.
Que el nombre de poeta no es debido
solo por hacer versos, ni el hacellos

dará más, que el hacello conocido.
Este renombre se le debe a aquellos
que con erudición, doctrina, y ciencia
les dan ornato que los hacen bellos.
Vístenlos de dulzura y elocuenlca,

de varias y hermosas locuciones,
libres de la vulgar impertinencia.
Hablan por elegantes circuiciones,
usan de las figuras convenientes
que dan fuerza a exprimir sus intenciones.

Los poetas que fueren diligentes
observando la lengua en su pureza
formarán voces nuevas de otras gentes.
No a todos se concede esta grandeza
de formar voces, sino a aquel que tiene

excelente juicio, y agudeza.
Aquel que en los estudios se entretiene
y alcanza a discernir con su trabajo
lo que a la lengua es propio, y le conviene.
Cuál vocablo es común, y cuál es bajo,

cuál voz dulce, cuál áspera, cuál dura,
cuál camino es seguido, y cuál atajo:
Este tiene licencia en paz segura
de componer vocablos, y este puede
enriquecer la lengua culta y pura.

Finalmente, al que sabe, se concede
poder en esto osar, poner la mano,
y el que lo hace sin saber, excede.
Por este modo fue el sermón romano

enriquecido con las voces griegas,

y peregrinas, cual lo vemos llano.
Y si tú que lo ignoras, no te allegas
a seguir esto, y porque a ti te admira
lo menosprecias, y su efecto niegas,
lo propio dice el Sabio de Stagira

a quien Horacio imita doctamente
en dulce, numerosa y alta lira.
Si formaren dicción, es conveniente
que sea tal de la oración el resto
que autoridad le dé a la voz reciente.

No se descuide en la advertencia de esto,
y en cuáles son las letras con que suenan
bien, y con cuáles mal lo que es compuesto.
Vocablos propios muchos los condenan
por simples, mas las voces trasladadas

y ajenas, por dulcísimas resuenan.
Voces antiguas hacen sublimadas
con majestad y ser las oraciones,
si las palabras son bien inventadas.
La oración hacen grave las dicciones

inusitadas, y serás loado
si cuerdamente ordenas, y dispones.
Una cosa encomienda más cuidado
que en cualquiera sujeto que tratares
siga siempre el estilo comenzado.

Si fuera triste aquello que cantares
que las palabras muestren la tristeza

y los afectos digan los pesares.
Si de Amor celebrares la aspereza,
la impaciencia y furor de un ciego amante,

de la mujer la ira y la crueza:
este decoro has de llevar delante
sin mezclar en sus rabias congojosas
cosa que no sea de esto semejante.
Si de cosas tratares deleitosas

las razones es justo que lo sean;
si de fieras, sean fieras y espantosas.
Acomoda el estilo que en él vean
las cosas que tratares tan al vivo
que tu designo por verdad lo crean.

Pinta al Satúrneo Júpiter esquivo
contra el terrestre bando de Briareo
y al soberbio Jayán, en vano altivo.
Celosa a Juno, congojoso a Orfeo,
hermosa a Hebe, lastimada a Ino,

a Clito bello, y sin fe a Tereo.
No estará la virtud en su divino
trono entre el Ocio vil y Gula vana
por ser lugar a su deidad indino.
Ni la corona sacra de Ariadna

esmaltada de formas celestiales
estará bien ciñendo frente humana:
estas partes son todas principales
en el Arte, y si en ellas no se advierte
errarán en las cosas esenciales.

Y vendrá a sucederles de la suerte
que en la lira una cuerda destemplada
en disonancia las demás convierte.
En la salud del hombre deseada
una señal de muerte, en mil de vida,

basta para que muera y sea acabada.
Si la obra en que tienes consumida
con largo estudio, y con vigilia eterna
la mejor parte de tu edad florida;
si abstinente de Baco, y de la tierna

Venus, que los espíritus enciende
y las almas destempla, y desgobierna:
Si Apolo que te inspira, la defiende
si le faltó la parte de inventiva
de do el alma poética depende:

no puede ufana alzar la frente altiva
ni tú llamarte con soberbia Homero,
si le hace la fábula que viva.
De este yerro culparon al severo
Scalígero, y de esto anduvo falto

en su Arte Poética el primero.
Castigo fue que vino de lo alto
que él criticó al Obispo de Cremona
y a él le dan por la inventiva asalto.
Así el que aspira a la Febea corona

observe la Poética imitante
que es la vía a la cumbre de Helicona.
Parte, ni fuerza tiene tan bastante,
ni más vida, ni esencia, cuanto tiene

de fábula, que en ella es lo importante.

Después de saber esto le conviene
al pierio Poeta usar bien de ello
como no exceda al Arte, ni disuene.
De tal modo es forzoso disponello
que nadie inore, y sea a todos claro

sin que la oscuridad prive entendello.
Ha de ser nuevo en la invención y raro,
en la historia admirable, y prodigioso
en la fábula, y fácil el reparo.
Ningún precepto hace ser forzoso

el escribir verdad en la poesía,
mas tenido en algunos por vicioso.
La obra principal no es la que guía
solamente a tratar de aquella parte
que de decir verdad no se desvía.

Mas en saber fingilla de tal arte
que sea verosímil, y llegada
tan a razón, que de ella no se aparte.
Nicandro en su Triaca celebrada
dicen que no es poeta, y que Lucano

no lo fue en su Farsalia laureada.
Históricos los llama Quintiliano
porque tanto a la Historia se llegaron.
Poetas a Platón y Luciano.
Estos que en sus poesías se apartaron

de la inventiva son historiadores
y poetas aquellos que inventaron.

No se dan del Parnaso los honores
por solo hacer versos, aunque hagan
más que Favonio da a los Samios flores.

Cuando se alarguen más, y satisfagan
al común parecer, en careciendo
de intención, con poco honor les pagan.
Así, a los que este ingenio va encendiendo
son metrificadores, no poetas

cual fue Empédocles que lo fue siguiendo.
Di tú, que a la invención no te sujetas
y quieres que tu fama sea gloriosa,
¿sin ellas, cuáles obras hay perfetas?
Di, ¿cómo será especie de otra cosa

aquella que debajo no estuviere
de su género? o ¿cómo provechosa?
Cuando uno o más versos escribiere
dando poemas cada día diversos,
no es eso, lo que en esto se requiere.

Menos hace un poeta en hacer versos,
que en fingir, y fingiendo satisface,
y no fingiendo cuando sean más tersos.
Así, el que escribe al modo que le aplace
sin sujetarse a reglas ni precetos,

de estimación carece lo que hace.
Los versos de esta suerte más perfetos
son oro con alquimia, o sin quilates,
que valen, pero poco entre discretos.
No faltará quien llame disparates

esto que voy diciendo, no entendido,
ni tratado cual cumple que lo trates.
Y será tu razón, si en el oído
suenan bien, si la lengua es propia y pura,
alto el concepto, el verso bien medido.

Si de cualquier dicción, común o dura,
se aparta, y va esmaltado de sentencias
y pone a cada paso una figura.
Si en las imitaciones, y licencias
poéticas, se hace lo posible,

déjennos ya estas críticas sentencias.
No tengas lo que digo por terrible,
ni lo que tú respondes por seguro,
ni a solo tu concepto por creíble,
Cuando tú hables en lenguaje puro,

cuando sea tu canto levantado,
cuando huya el vulgar y frasis duro.
¿Qué piensas tú que importa ese cuidado
si en lo que imitas perfección no guardas,
hermosura en lenguaje, y verso ornado?

¿Qué piensas tú que importa, cuando ardas
el corazón, y el alma, alambicando
el cerebro, tras ver lo que no aguardas?
Si en esas obras que te vas cansando
ni enseñas, ni deleitas, que es oficio

de los que siguen los que vas mostrando:
luego, razón será imputarle a vicio
al que de esto se aparta en su poesía
aunque se sueñe a Febo el más propicio.

En otro yerro incurre el que confía

en adornar los versos de dicciones
graves, dulces, que hagan armonía.
Si por subir de punto las razones
usa vocablos altos aplicados
en tiempos diferentes, y ocasiones.

Si los que son del tierno Alemán usados
en la dulzura de la blanda lira,
en la trompa de Homero son cantados.
Ni bien con ellos cantarán la ira
de Marte, ni de Amor los sentimientos

si del curso debido se retira.
A cada estilo apliquen sus acentos
propios, a su propósito y decoro,
no solo tras la voz de los concentos.
Febo se agrada y su piério coro

que se use en la lírica terneza
el verso dulce, fácil y sonoro.
Y por el consiguiente a la grandeza
heroica, aplica los vocablos fieros
con que se signifique su fiereza.

Peregrinos vocablos, y extranjeros
sirven a su propósito, y mezclallos
permitido, es también con los íberos.
Mas deben con tal orden aplicallos
que su economía y su decoro sea

en el nuevo idioma trasladallos.
El que en este propósito desea

alabanza, guardando los precetos
junte al provecho aquello que recrea.
Y tome solamente los sujetos

a que su ingenio más se aficionare
sin que en ellos violente los efetos.
Vaya por donde el mismo le guiare
sin torcer, ni hacelle repugnancia
que imposible será si no acertare.

El ingenio da fuerza a la elegancia
es la fuente, y el alma a —la inventiva,
y sin él, todo hace disonancia.
Mas importa advertir, que cuando esquiva
un sujeto, que huyan de forzallo,

que de acertar, formándolo, se priva.
Cual acontece al marcial caballo
revolver rehusando la carrera
sin poder arte o fuerza gobernallo:
Mas si el diestro jinete considera

la causa oculta, y con mudalle el puesto
hace lo que al apremio no hiciera.
Claro tenemos el ejemplo de esto
en el que hizo el «Sueño» a la viuda,
y a Venus el jardín tan deshonesto.

Que siempre fue su Musa tosca y muda,
en no siendo lasciva y descompuesta,
y en siendo obscena, fácil fue y aguda.
Otra Musa siguió los pasos de ésta
y de su mala inclinación el uso

cual en sus torpes obras manifiesta;
que ninguna de muchas que compuso
de sujetos de ingenio y regalados
dejó de dar molestia y ser confuso;
y como fuesen versos aplicados

a pullas, que era el centro de su ingenio,
fue admirable y los versos extremados.
Yo conocí un poeta cuyo genio
se aplicó siempre a varios argumentos,
y en especial a los que el dato Ennio.

Astro no dio favor a sus intentos,
ni jamás hizo cosa en que no viesen
lánguidos versos, bajos pensamientos.
Y como sus amigos le advirtiesen
del bruto estilo, y zafia compostura,

y los propios escritos lo dijesen:
echó de ver que toda su escritura
era sin arte y llena de rudeza,
sin medida, ni buena contextura.
Que las cosas comunes sin alteza

en lugares sublimes colocaba,
y las sublimes las ponía en bajeza.
Que en los sagrados épicos usaba
conceptos ordinarios, ignorando
la majestad que en ellos demandaba.

Que nos les iba a sus escritos dando
hermosura con flores y figuras,
que en variedad los fuesen esmaltando.
Que las dicciones ásperas y duras

no supo corregir, y usando de ellas

las nuevas ofuscó y dañó las puras.
Sin alcanzar, después de no entendellas,
consistir la excelencia a la Poesía
en variedad de elocuciones bellas.
En esta congojosa fantasía

su triste y laso espíritu rendido
a mil perturbaciones le ofrecía.
Lleno de confusión, entristecido,
rompió el silencio, levantando al Cielo
la voz diciendo, de dolor movido:

¡Oh, tú, Deidad que el tenebroso velo
de la caliginosa sombra ahuyentas
con luz divina, esclareciendo el suelo!
¡Oh, tú que los espíritus alientas
y con tu influjo celestial inspiras

las que en tu solio y a tu lado asientas!
Y coronando de laurel sus liras,
su gloria haces cual la tuya eterna,
y hombres y orbes con su canto admiras.
Si el mío tu sacro espíritu gobierna,

si en mis escritos invoqué tu nombre,
y en la dulzura de mi Musa tierna:
dime, ¡ay de mí!, ¿por qué no hallo un hombre,
ya que tú desdeñas de escucharme,
que en oyendo mis versos no se asombre?

¿Dejo de trabajar, y fatigarme
en el cómico y trágico argumento,

y en las sátiras libres desvelarme?
¿Dejo de hacer notorio el sentimiento
de mis ansias, en élegos llorosos,

y en líricos suaves mí tormento?
¿Dejo de celebrar héroes famosos
en verso heroico, a Marte consagrado,
y en épicos, oráculos gloriosos?
Si en esto, como sabes, he gastado

mi alegre juventud, y en alabanza
de dioses cien mil himnos he cantado,
¿por qué permites sin hacer mudanza
que en tan infame abatimiento vea
de mis largos trabajos la esperanza,

y que no hay sabio ni hay vulgar que lea
mis obras, que no vuelva el rostro dellas
el que más las alaba y lisonjea?
¿Es justo así que sufra escarnecellas?
¿Es justo así ver yo menospreciallas?

¿Es justo así que dejes tú ofendellas?
Si no es justo, y tú debes amparallas,
como deidad suprema y retor suyo,
acude, ¡oh, sacro Apolo!, a remediallas.
Acude a este sufragáneo tuyo,

acude, Apolo, a la infelice suerte
en que en tan triste deshonor concluyo.
Revélame algún arte con que acierte
a hacerme estimar y ser de aquellos
a quien tu aliento en otro ser convierte.

Ya pudiste sacar alguno dellos
de oficios viles de alquilada gente,
y preferir los cómicos más bellos.
Y de un sueño pudiste solamente
hacer poeta al que guardaba cabras

y que en tu coro junto a ti se asiente.
Estas no son quimeras, ni palabras;
cosas son pregonadas y sabidas
que en tus divinas oficinas labras.
Cosas son a ti Bolo concedidas,

y a quien ofrezco humilde y congojoso
estas húmidas lágrimas vertidas.
Esto diciendo, le juntó un sabroso
sueño los blancos párpados, quedando
a su dulzor rendido con reposo.

Y estuvo de esta suerte reposando
lo que la oscura sombra cubrió el mundo,
con Febo, según dijo, consultando.
Y resultó de allí, que en su profundo
sueño, le reveló el conocimiento

de aquello en que su ingenio era fecundo.
Sacudió el perezoso encogimiento
que tenía sus nervios impedidos
con la dulzura del nectáreo aliento.
Revolvió sus papeles conocidos

de tantos años, con afanes tantos
sustentados a fuerza y defendidos.
Y dijo, ya no quiero más quebrantos
en esta ceguedad, sirva el anillo

de Ciges que deshaga estos encantos.

El ingenio que supo mal regillo,
arrebatado de él, cautivo y ciego
por tantos disparates, di en seguillo;
ahora que a la sacra luz me llego
estas obras que hice sin seguilla,

contra mi natural, mueran en fuego.
Sin más hablar, ¡oh, extraña maravilla!
que un hombre así con su opinión casado
poder tan fácilmente reducilla:
Y cuanto tenía escrito y trabajado

por este parecer que eligió solo
sin dejar hoja, al fuego fue entregado.
Y por acuerdo, cual decía, de Apolo
siguió lo que en su ingenio le dictaba,
y lo demás que le dañó, dejólo.

Y de tal modo desde allí observaba
las leyes de su ingenio, que ninguna
por ocasión ni fuerza traspasaba.
conociendo contraria su fortuna
de lo que fue, huyó constantemente

cuanto el ingenio con hastío repugna.
Dio en hacer coplas de plebeya gente
sin majestad heroica ni artificio,
en que su natural era excelente.
A Séneca dejó el lloroso oficio

de la tragedia, a Plauto y a Cecilio
de la vulgar comedia el ejercicio.

Cantar las armas remitió a Virgilio,
al de Ascra de Dioses —y labores,
a quien dio Apolo celestial auxilio.

La lírica dulzura y los amores
a Horacio y a Tibulo, y al fogoso
Juvenal murmurar vicios y honores.
Y un argumento humilde, aunque gracioso,
eligió, que su ingenio lo dispuso,

en que excedió al más alto y generoso,
Libre del Caos que le traía confuso,
cantó, en heroico plectro la excelencia
de la Tarasca, con ingenio infuso.
Cantó su natural y descendencia,

el origen, la causa, el fundamento
de hacer en Sevilla su asistencia.
Por qué sale en tal fiesta y con qué intento
se le entregó a la gente que la tiene
a su cargo, y dó fue su alojamiento.

Esto vistió de cuanto en sí contiene
un heroico poema, sin faltalle
parte de cuantas observar conviene.
De aquí nació seguille, y estimalle,
y entre los más ilustres escritores

la Tarascana nombre eterno dalle.
Mereció conseguir estos honores
porque siguió su ingenio y dejó aquello
que fue ocasión de todos sus errores.
Cherillo mereció de no hacello

la poca estimación, y la memoria
que en tal abatimiento fue a ponello.
De la gloriosa Atenas la victoria
contra Jerjes cantó, de ingenio opreso
y cómo, opreso así, le dio la gloria.

Tenga el poeta en la memoria impreso
esto, y con este ejemplo no se aparte
de lo que tengo del ingenio expreso,
quél es la forma y la materia el Arte.

Epístola II

Con nueva voz y, espíritu divino
aspirado de vos, prosigo el canto
que de toda alabanza haréis dino.
Y entre las musas del Pierio santo
en igual armonía el nombre vuestro

la mía celebre, sin dudoso espanto.
Bien conozco cuán próspero y cuán diestro
tengo el cielo en teneros de mi parte
cual bien en mi empezada labor muestro.
Algunos quieren que llamemos Arte

esta que llamo epístola, y algunos
dicen que de estos títulos se aparte.
Poético Ejemplar me dicen unos
que se diga, y no sé cómo es posible
no ser tales renombres importunos.

Por ellos considero, y veo visible
vibrar la horrible lanza al pecho mío
que a Lycambe la muerte dio terrible,
y no por eso han de hallar vacío

en que sus vanos silogismos puedan

caber, ni su insolente desvarío.
Que cuando a mi trabajo se concedan
la gloria que los sabios le conceden;
los que dejan de serlo, no lo vedan.
Ni puedes más del modo que proceden,

que tocar en la haz con sucias heces,
mientras los tiempos desta suerte rueden.
Y en cuanto que los rígidos jueces
llenos de austeridad, y oscuro estilo
de la Parca letal toman las veces.

Y aunque Minerva labre el sutil hilo
y sea labor de su divina mano
lo profanan y entregan a su filo.
Yo que con vuestro aliento surco ufano
el proceloso mar de su fiereza

donde es inútil el remedio humano.
Acudo a que me ayude la grandeza
de vuestra excelsitud, para que cante
de nuestro español verso la belleza.
De nuestro español verso el elegante

método, el armonía y la dulzura
a la griega y latina semejante.
En qué verá el que sabe de escritura
ser capaz de admitir cuántos sujetos
ofrece la poética lectura.

Y los que fueren doctos y discretos
halláranse en las coplas castellanas

aptas para explicar altos concetos.
En noble antigüedad en las grecianas
liras se halla, en el trocaico verso

que es el nuestro, y lo propio en las romanas.
Esto es notorio en todo el universo,
esto dicen los sabios escritores
y esto hace y conoce el más adverso.
Esto vemos cantar de los mayores

que su número y sílabas guardaron,
cual hizo Anacreón y otros autores.
Los poetas modernos le aplicaron
la consonancia propia que tenía
en la lengua vulgar que le hallaron.

Deste género vemos cada día
algunas coplas hechas en Italia,
faltas de su donaire y gallardía.
Que a sola España concedió Castalia
por natural, cantar en su idioma

liras de Marte y fuegos de Acidalia.
Y el que en el suyo fuera deste toma
trabajo de escribir, es propiamente
corneja, que ni es cuervo ni paloma.
A imitación del lacio diligente

nuestros números sacros resonaron
en la gálica lira en voz ardiente.
De amor los blandos juegos celebraron
con más feliz espíritu que fueron
los italos y más se levantaron.

Mas en la perfección en que pusieron
nuestros mayores esta compostura
a todas las naciones prefirieron.
En ninguna se halla la dulzura
que en la nuestra, la gracia y la terneza,

la elegancia, el donaire y hermosura.
Si aplicallo quisieres a la alteza
heroica, cual ya hizo Juan de Mena,
bien lo puedes fiar de su grandeza.
Si a pasiones de amor, si a llanto y pena,

con Garci-Sánchez puedes conformarte
cuya musa de gloria el mundo llena.
Si a fábulas quisieres aplicarte,
a cartas, epitafios y otras cosas,
Don Diego en él nos ha enseñado el arte.

Baltasar del Alcázar en graciosas
epigramas lo usó, y el numeroso
Burguillos en sus dulces y altas glosas.
El singular en gracia, el ingenioso
Lope de Rueda, el cómico tablado

hizo ilustre con él, y deleitoso.
El gran Pedro Mejía, el extremado
Juan Iranzo, en las justas de los santos
en que fue el uno y otro laureado.
En este verso celebraron tantos

cuántos vemos en santas alabanzas
que en las suyas resuenan hoy los cantos.
Y si la fatal suerte en sus mudanzas,
ínclito Duque, el vuelo refrenara

dejándonos lograr las esperanzas;

y vuestro fébeo padre se lograra
a la tebana y a la lesbia lira,
con la dulzura dél aventajara.
Mas a pesar de su implacable ira
vivirá en nuestra bética ribera

Fernando en cuanto el Sol los orbes gira.
Nuestros antiguos de la edad primera
celebraron en él sus inmortales
proezas, sin que el nombre dellas muera.
Si estos versos acaban en vocales,

son más dulces, más tersos y elegantes
y apartándose de ellas no son tales.
Si dar quisieres a los consonantes
voces agudas, puedes, conociendo
los lugares y causas importantes.

Siempre es forzoso en ellos ir diciendo
nuevas cosas, y nunca se consiente
palabra ociosa el número supliendo.
La copla será buena puramente
que en agudeza acabe o en sentencia,

y la que no, por buena no se cuente.
No son de menos gloria y excelencia
los antiguos romances, donde vemos
en el número igual correspondencia.
La antigüedad y propiedad tenemos

de nuestra lengua en ellos conservada
y por ellos lo antiguo conocemos.

Cantar en ellos fue costumbre usada
de los godos, los hechos gloriosos,
y dellos fue en nosotros trasladada.

Las rapsodias que usaron los famosos
griegos, fueron sin duda de esta suerte
y los areitos índicos llorosos.
Con ellos se libraban de la muerte
y la injuria del tiempo sus hazañas

y vivía el varón loable y fuerte.
Dellos los heredaron las Españas
casi en el mismo tiempo que cantaban
los regujíos en todas las montañas.
La misma ley que guardan hoy guardaban

los antiguos, usar los disonantes,
y esto con gran veneración usaban.
Por viciosos tenían los consonantes,
y más si eran agudas las dicciones
y por buenas las voces más distantes.

Fueron siempre estas dos composiciones
tenidas en España en grande estima
hasta que entraron nuevas invenciones.
Llamo nuevas, que el número a la rima
del grave endecasílabo, primero

floreció, que en el Lacio, en nuestro clima.
El provenzal antiguo, el sacro ibero
en este propio número cantaron,
antes que dél hiciese el Arno, impero.
El Dante y el Petrarca lo ilustraron

y otros autores y esto les debemos,
a ellos que de nosotros lo tomaron.
La justa posesión que dél tenemos
que a la musa de Tajo y catalana
se atribuye, tampoco la apliquemos.

Primero fue el marqués de Santillana
quien le restituyó de su destierro
y sonetos dio en lengua castellana.
He querido aclarar el ciego yerro
en que viven aquellos que ignorando

esto, siguen la contra yerro a yerro.
El que en ellos escribe irá notando
la variedad de suertes que hay en ellos
que van sujetos varios demandando.
Mas tienes de advertir en el hacellos

que tengan once sílabas y mires
la contextura que los hace bellos.
Y que siempre te guardes y retires
que en agudo no acabes el acento
Porque la una sílaba no tires.

Boscán dijo sin más conocimiento:
«aquella reina que en la mar nació»,
Y uso deste troncado abatimiento.
Y Garcilaso dijo y no advirtió:
«Amor, Amor, un hábito vestí»,

y don Diego en mil versos los usó.
Lo mismo ahora habrá de ser de mí
que citando los versos que dijeron
incurro en los que siempre aborrecí.

Al verso que cortaron, e hicieron

los agudos el número diverso
de nueva otra advertencia le añadieron.
Que para ser cabal, ornado y terso
no hiera en la penúltima, y al hiere
hará de doce sílabas el verso.

De Lasso por ejemplo se refiere:
«El río le daba dello gran noticia»,
en que alargar el número se infiere.
«De mi muerte y tu olvido la noticia»
dijo el conde de Gelves, y Malara

«Donde de mis desdichas no hay noticia».
Si, con esto tu ingenio se prepara
no te aconsejo que al cerebro apliques
cosa de cuantas la memoria aclara.
Deja los preparados alfeñiques

la alquermes cordial, las cornerinas;
no te acuerdes de jugos, ni alambiques.
No estragues la virtud con medicinas
y dietas, ni tomes de ordinario
eleboro, anacardo y mastiquinas.

Que no hará el jugoso letuario
que hagas buenos versos, sino el Arte,
que es la perfecta hierba y herbolario.
Como della tu escrito no se aparte
y te guíe el ingenio llanamente,

puedes entre estas musas ocuparte
El verso suelto pide diligente

cuidado en el ornato y compostura,
en que vicio ninguno se consiente.
Porque como la ley estrecha y dura

del consonante no le obliga o fuerza
con ningún atamiento, ni textura,
la elegancia y cultura en él es fuerza
que supla la sonora consonancia
con que el verso se ilustra y se refuerza.

Y así hará enfadosa disonancia
si aquella parte principal no llenan
de admiración, o cosas de importancia.
A cualquier verso lánguido condenan,
flaco, o infelice en número o estilo,

y del nombre de verso lo enajenan.
Siempre deben huir del común hilo,
desviarse de bajos pensamientos,
seguir la alteza y majestad de Esquilo.
Aplícanlos a heroicos argumentos

cual hacen al hexámetro latino,
no a tiernos y a llorosos sentimientos.
Esto rió el sofístico Aretino
en su pungiente epístola a Trebacio,
que una elegía hizo en ellos al de Urbino.

Donde se pone a disputar despacio
a quién, a dónde y cómo han de aplicarse
en que llenó un burlesco cartapacio.
No se pueden valer ni aprovecharse
de licencias poéticas, ni absuelven

vicios de impropiedad para excusarse.
Pobres son de conceptos los que envuelven
muchas historias, fábulas, sentencias,
y en esto sus intentos se resuelven.
Llama pobreza, y llama impertinencias

amontonar gran copia de figuras,
aunque digan en ellas excelencias.
Andan los que esto hacen tan a oscuras
como aplicar los élegos llorosos
fuera de Venus, a discordias duras.

Son yerros tan impropios y viciosos
como vestir de púrpura a los ríos
y los reyes de cárbasos muscosos.
A éstos siguen otros desvaríos
que en vana ostentación hacen su asiento

de que Dios guarde los intentos míos.
Que es mostrar general conocimiento
de antigüedad, y cosas improbables
llevando la lección por fundamento.
Advierte, que el ser raras y agradables

al oído, si son dificultosas
y escondidas, no pueden ser loables.
Después de ser cansadas y enfadosas
del modo que has oído, son pesadas,
confusas, sin provecho y enojosas.

Todas son cosas libres y excusadas
en el noble escritor, y dignamente
de los buenos ingenios condenadas.
Sigue en esto el decoro de prudente

y no estimes en tanto que te alaben

cuanto que el sabio junto a sí te asiente.
Esto sienten aquellos que bien saben,
y esto saben aquellos que bien sienten,
en quien Minerva y las virtudes caben.
Muchas cosas permiten y consienten

las licencias poéticas, y veo
muchas que no sé yo se exenten,
Y si no fuera licencioso y feo,
ajenos yerros pregonar, yo diera
más ejemplos que rayos da Cirreo.

Y por ventura algunos advirtiera
que el vulgo estima y loa la ignorancia
que alguna obstinación se redujera.
Esto hace al sujeto repugnancia,
y se ve más culpable en tratar dello

que en dejallo, aunque es justo y de importancia.
Lo que escribes importa disponello
que al tiempo, ni al lugar, id a la persona
falte el decoro ni al lenguaje bello.
Cuando en vulgar de España se razona

no mezcles verso extraño, como Lasso:
«Non essermi passato oltra la gonna».
Otro afligido en un lloroso paso
dijo sus desventuras lamentando:
«Debrían de la pietá romper un sasso»

Don Guillén de Casaus a don Fernando
en muerte de doña Ángela su esposa

«In tristo humor vogli occhi consumando».
Cualquiera cosa destas es viciosa
no la debe usar el que no quiero

padecer la censura rigurosa.
El que verso elegíaco escribiere
debe considerar que la grandeza
trágica, ni la cómica, requiere.
Siga un medio entre ambas, que en la alteza

de estilo a la tragedia no se iguale
ni a la comedia imite en la llaneza.
Quien de estas dos proposiciones sale
hace que mude en género de efecto,
y los quilates no le da que vale.

En su lloroso y lamentable afecto
en sentimientos tristes y aflicciones,
en miserias de amor, en llanto, aprieto,
en quejas y afligidas narraciones,
en congojosas iras y gemidos

se aplican en las trágicas acciones.
En las comedias pueden ser oídos
entre el celo rabioso y la mudanza
de la astuta ramera a sus rendidos.
En alegres favores de privanza,

en fríos desdenes, en astucias viles
de siervo, o en afectos de venganza.
Sin que trates de Alcestes ni de Aquiles
en el sublime estilo, ni lo abatas
a Sosia, o Davo, en condición serviles.

Las voces deste verso han de ser gratas
al oído, no duras ni afectadas
ni ajenas de la elegía de que tratas.
Han de ser las elegías lastimadas,
blandas, tiernas, suaves, tersas, claras,

sin ser de historia o fábula ofuscadas.
Si por descuido en esto no reparas
no le das a la elegía lo que debes
y le quitas el ser, y tú disparas.
Y pues tratamos della, porque lleves

más entera noticia y puedas dalla
no así, cual piensan, con razones leves.
Has de saber que en la elegía se halla
que abraza el verso lírico, y el blando
epigrama, do puedes procuralla.

Mas advierte que yéndola buscando
hallarás conocida diferencia,
aunque a la una y otra esté abrazando.
De su esplendor consiste la excelencia
en la estrechez del consonante asido

a la tercera rima en asistencia.
El decoro guardando que has oído
hará florida, ilustre y agradable
la elegía, y a tu nombre esclarecido.
Dejando ya el estilo lamentable

al misivo la pluma enderecemos
que no es menos difícil que loable.
Y lo primero que advertir debemos
que la epístola abunda de argumentos

varios, donde ampliamente la ocupemos.

Sirve para amorosos sentimientos
casi como la elegía, si levanta
más el estilo, voz y pensamiento.
Cosas en ella de placer se canta,
sucesos en viajes dilatados

y a varias digresiones se adelanta.
Son a chacota y mofas dedicados
los versos della y pueden si agradare
ser en mordientes sátiras usados.
Ha de tener quien della se encargare

fácil disposición, copiosa vena,
ingenio que ni inore ni repare.
De imitaciones vaya siempre llena
puestas en su lugar precisamente,
que de otra suerte es tanto que disuena.

Dicen si van en parte diferente
que son puertas sacadas de su quicio
que ni adornan, ni sirven a la gente.
Pocos advierten de excusar un vicio
cometido de muchos escritores

que se alzan con todo este ejercicio.
Y sin que se censuren son censores
de fáciles descuidos y usan ellos
epítetos y frasis de oradores.
De quien se dice, y bien, que el no entendellos

hace esa miscelánea, y no es tan leve
que haya dispensación para absolvellos.

El propio nombre inoro que se debe
al que el que ajenas obras conocidas
de otros autores aplicarse atreve.

Y con dos o tres sílabas movidas,
y una dicción de su lugar trocada
las da en su nombre para ser leídas.
El que esto hace, y no repara en nada
y de ajenos trabajos se aprovecha

hace lo que la esponja en agua echada;
que tomada en la mano, si se estrecha
da el humor propio que tenía cogido
sin dar cosa, aunque da, de su cosecha.
Al que de oficio tiene estar rendido

a hurtar el concepto, o pensamiento,
o el verso ya del otro referido,
le sucede de modo que al hambriento
que come lo contrario y lo dañoso
a su salud, aunque le dé contento.

Que en comiéndolo queda muy gustoso
saboreando el gusto al apetito,
sin entender que hay más que aquel reposo.
Así, el que hurta del ajeno escrito,
aunque luego le agrada y le recrea,

le ofende al noble honor tan vil delito.
Hace que el vulgo libremente vea
su cortedad de ingenio, y manifieste
por suya aquella obscenidad tan fea.
Y justamente hace que le cueste

las plumas que le quiten y la fama,
sin que remedio a reparalle preste.
Dios libre a mis amigos desta llama,
y a los demás a gracia reducidos
vayan por donde la razón los llama.

Tres modos hay por donde son regidos
los que en ajenas obras ponen mano
y son con fuertes leyes compelidos.
Unos imitan del sermón romano,
otros hurtan, y otros puramente

traducen de otra lengua en castellano.
La imitación en tiempo conveniente
es lícita, y licencia permitida
al ingenio más alto y excelente.
Si es de idioma ajeno deducida

en el nuestro, o imitándola en concreto,
o siendo a su propósito vestida.
Puede el más docto y puede el más discreto
en sus obras usar de imitaciones,
entre sabios tenidas por preceto.

Del hurtar, sin que usemos de razones
que de nuevo lo aclaren, están claras
del uso dél las bajas condiciones.
Y si tú, que lo sigues y lo amparas
con adoptiva musa, que alimenta

la vana ostentación con que la aclaras,
mira que ese furor icario intenta
en ese vuelo tu mortal ruina
y abatimiento, en vez de honrosa cuenta.

Es el modo tercero la divina

traducción, tan difícil cuan gloriosa
al que observa el decoro a su doctrina.
Su ley es inviolable, y religiosa,
tratada con lealtad y verdad pura,
que ni pueden quitar ni añadir cosa.

Una excepción mitiga esta ley dura
que obliga al que traduce, aunque se aparte
de la letra, siguiendo su escritura,
a conservar y aun mejorar con arte
la grandeza, primor y la excelencia,

original, sin ofender la parte.
También se le concede por licencia
que no se obligue a voz ni a consonancia,
sino al conecto, al número y sentencia.
Al espíritu, frases y elegancia

y propiedad de lengua, levantando
el estilo en las partes de importancia.
Desto los arquetipos desgustando
promulgan una ley precisa y justa
al imitante con rigor mandando:

que si Leusin de imitaciones gusta
no adjudique por suyo lo imitado,
pues no dispensa tal la ley augusta.
Y danles mandamiento rubricado
de Apolo, a Colindón, y a Magancino,

poéticos malsines del juzgado,
que vayan cada cual por su camino,

y al que no les hiciere manifiesto:
ejecuten la ley del descamino.
Mudando ya deste discurso puesto,

vuelvo al final propósito que sigo
temiendo en tantas burlas ser molesto.
Y entre las cosas de importancia digo
que use el poeta cándidas razones
si acepto quiere ser, y a Febo amigo,

que el concurso de hórridas dicciones
huya, y evite encuentro de vocales
que sonar hacen mal las oraciones.
Los poetas que aspiran a inmortales
condenan el echar a un sustantivo

tres adjetivos, aunque sean iguales.
Cual el que dijo, en un dolor esquivo:
«Amor cruel, indómito, tirano,
por quien en muerte acerba y cruda vivo».
Otro dijo: mi mal ha hecho ufano

«la dulce, alegre y fresca primavera,
con hoja, flor y fruto soberano».
Otro dijo: «¡Ay, Amor, qué hay en tu esfera
sulfúreo ardiente, horrible, eterno fuego
donde mis ansias crecen sin que muera!».

Al censor de estos términos me llego,
y así se lo aconsejo a cualquier hombre,
y si fuere mi amigo se lo ruego,
que de ellos huya, y que también se asombre
como de ver fantasmas, por vicioso,

el gerundio poner jamás por nombre.
No faltará un sofista curioso
que desentrañe a Servio y a Donato
y diga que el gerundio es poderoso
a levantar el verso, y darle ornato,

y que lo hace grave, concluyendo
que sin razón lo infamo y lo maltrato.
Y habrá mil apoetados que leyendo
esto dirán que son triviales cosas
y que las pueden enseñar durmiendo.

Que tienen mil autores y mil glosas
de donde las tomé y queriendo vello
no verán maravillas milagrosas.
Que dellos sabrán esto sin sabello,
y que dellos dirán en sus corrillos

que dellos puede Apolo, desprendello,
que dellos inflamando los carrillos
los llenarán cual Bóreas de aire vano
que al Pindo aun sea difícil resistillos.
Y a la cordura dándole de mano

darán voces diciendo ciegamente:
«Cuanto ha dicho está escrito en castellano.
Ya sabemos el río desta fuente
que es donde el cisne se baño de Apolo
con que se fertiliza su corriente».

Al que supiere le respondo solo
por solo responder, no respondiendo
a los que Esgueva hacen a Pactolo.
Y estoy de su metáfora riendo

digna por cierto del nativo tronco

que va musas y grajas revolviendo.
Y aplican a este coro un cisne ronco
sin ver que la dulzura de su canto
es graznar en estilo zafio y bronco.
Si me atrevo a hablar y hablo tanto,

es porque los poetísimos entiendan
que no es para aquí cisne tan maganto.
Y si sus ojos con estambre vendan,
que es a lo jumental, conozcan desto
que otros métodos hay de donde aprendan.

De los primeros tiene Horacio el puesto
en números y estilo soberano
cual en su Arte al mundo es manifiesto.
Scalígero hace el paso llano
con general enseñamiento y guía;

lo mismo el docto Cintio y Biperano.
Maranta es ejemplar de la poesía,
Vida el norte, Pontano el ornamento,
la luz Minturno, cual el Sol del día.
Estos, y otros con divino aliento,

enseñen lo que el cisne no ha cantado
ni le pudo pasar por pensamiento.
Y habiendo de esto tanta copia dado
que llenar pueden dello mil Parnasos
y a Febo laurear con lo enseñado,

Acuden todos a colmar sus vasos
al océano sacro de Stagira

donde se afirman los dudosos pasos,
se eterniza la trompa y tierna lira.

Epístola III

Voces me da el temor de mi osadía
que remita tan célebre sujeto
al autor sacro de la luz del día.
Tiéneme en esto la razón sujeto
con los ejemplos que me trae delante

que testimonio dan de mi defecto.
Que no fue tanto el amador constante
oponerse al stigio y duro encuentro
y enternecer el muro de diamante:
ni entrar Alcides al tartáreo centro,

ligar el can, quitar de la cadena
el amigo, que opreso tenían dentro;
cuánto mi Musa de temores llena
emprender cosa que el poder humano
repugna, y el divino le condena.

Mas este miedo vergonzoso allano,
gran Señor, con teneros de mi parte
y el premio espero conseguir ufano.
Y en los versos que ahora ofrece el Arte
del cómico, y bucólico, y el claro

trágico, igual al épico de Marte.
Con tan felice y tan seguro amparo
bien puedo proseguir, sin que me impida,
el cobarde temor del vulgo avaro.
Es precepto por ley establecida

que hable pura, casta y propiamente
el poeta, y en lengua conocida.
Que no mezcle vocablo diferente
con mudar letras, o añadir dicciones,
sino cual pide el Arte, y, se consiente.

Sea griego, o latino, o de naciones
bárbaras, aplicado y bien dispuesto
es usado de célebres varones.
Mas no se entiende que ha de ser compuesto
de esclavón y germano, y mixturado

de aquella suerte en otra lengua puesto.
Esto, del modo que ha de ser usado
con la decencia y culto que conviene
en otra parte queda ya tratado.
Y en esta digo es justo se condene

el que corrompe voces naturales
cual hizo Aldricio así escribiendo a Irene:
«Eres oficinaria de mis males,
indómita, cruel, lisonginosa,
de corruscantes ojos penetrales.»

Otro dijo en un ansía congojosa:
«Ay me, que por estar alonjinada
manipulando estoy mi faz llorosa.»
Otro al de Gelves, «en la fuerte espada
excedes al más ínclito herostano»,

de Heros, ved si hay voz tan mal formada.
De suerte, que hablando en castellano
si de extranjera voz se aprovecharen
no huyendo lo impuro es ser profano.

A los que desta el paso desviaren

van caminando a ser reprehendidos.
y a despeñarse cuando bien se amparen.
De dos archipoetas conocidos
una murmuración oí a un poeta
porque usaban vocablos escondidos.

Sclopetum llamaban la escopeta,
estapeda decían al estribo,
famélica curante a la dieta.
Al maldiciente le decían cancivo,
a la casa común de la vil gente

público alojamiento del festivo.
Carnes prívium, llamaban comúnmente
a las carnestolendas, y así usaban
de aquesta afectación impertinente.
A los propios vi un día que negaban

la diferencia en todos los sujetos
y unas voces al alto y bajo daban.
Al épico y al cómico en concetos
hacían iguales, y reían negando
el arte, y despreciaban los precetos.

Cual el vulgar sacrílego inorando,
con brutez, de las armas la destreza
y su infalible afecto no alcanzando,
aplica el buen suceso a la presteza,
o a la determinada confianza,

negando del precepto la certeza.
de modo, que por esta semejanza

al fuerte Sayas se opondrá Segura
y el vulgar diestro al único Carranza.
Esto es ajeno todo de cordura

sin proporción, ni buen conocimiento
hacer tan ciega y bárbara mixtura.
Y si no me llevara el pensamiento
arrebatado a empresa de más gloria
no dejara indeciso este argumento.

Mas volviendo al discurso y la memoria
de las composiciones, se me ofrece
la que ilustra la fábula y la historia.
Esta es la rima octava en quien florece
la heroica alteza y épica excelencia,

y en dulzura a la lírica engrandece.
Hácense con alguna diferencia
respondiendo las voces terminadas
con variación distinta en su cadencia.
Mas en poema, aquellas son usadas

en que el Bocacio su Teseida canta
de quien primero fueron inventadas.
En variar sujetos se adelanta
a cuantas composturas hoy tenemos,
y en estilo se abaja, o se levanta.

No desdeña que en cuentos la apliquemos
ni en comedias en largas narraciones,
ni en las tragedias tristes della usemos.
En glorias amorosas, en pasiones,
en burlas, veras, mofas, risa, llanto,

elogios, epitafios, descripciones:
a todo se acomoda, y en su canto
parece bien, guardando propiamente
el decoro, que en ella importa tanto.
Dureza de dicciones no consiente

ni letras que le causen aspereza
ni del verso detengan la corriente.
Pide soltura, y quiere la presteza
en el decir, sin que le ocupe cosa;
hermosura en los versos y pureza.

No guarda ley en acabar forzosa,
cuando quiere, y del modo que le agrada,
puede con facultad licenciosa.
Esta licencia no será otorgada
al soneto, que es lícito y no puede

alterar de su cuenta limitada.
Y cuando en esto alguna vez excede,
y aumenta versos, es en el burlesco,
que en otros, ni aun burlando se concede.
Esto usó con donaire truhanesco

el Bernia, y por su ejemplo ha sido usado
este épodo, o cola, que aborrezco.
Solo en aquel sujeto es otorgado,
mas en soneto grave, o amoroso,
por sacrílego insulto es detestado.

Tiénese de tratar con generoso
espíritu, y huir que en él se hallo
dicción humilde, ni vocablo ocioso.
Con armonía tienes de adornalle,

en las rimas con gracia y hermosura,

toda pureza y, elegancia dalle.
Huir de toda oscuridad procura,
y de escribir de modo diferente
que se habla, y hablar en lengua puro.
Usar licencia en él no se consiente

ni cosa alguna que al oír ofenda,
ni, a los números sea desconveniente.
Entre algunos poetas hay contienda
sobre si el verso puede o no cortarse,
y hay quien nos diga en contra y quien defienda.

Y tantos pareceres oigo darse,
con tanta variedad, y diferencia,
que hay duda a cuál huir, o a cuál llegarse.
Y tengo por vulgar impertinencia
no hacello, y hacello con exceso

condenaré, si vale mi sentencia.
Así, el que se desvela y trata en eso
y del Ruscelli observa los precetos,
que sobre el caso escribe un gran proceso:
Guardando la excelencia a los sonetos,

el debido candor, y exornaciones
a la disposición de los concetos:
no se ate a seguir observaciones
que el uso, y natural le irán mostrando,
y de doctos escritos las lecciones.

Desta incisión por ley van condenando
al que en el primer verso en los cuarteles

o en los tercetos della fuere usando.
Y condénanlo a penas tan crueles
que como a heresiarca lo relajan

los acroes del señor de los laureles.
Por este modo en la unión se encajan
y del influjo apolíneo se envisten
y al néctar dulce con acíbar cuajan.

Huyen los que este inepto coro asisten.
siguen los que en el ménalo dichoso
en paz sabrosa la ambición resisten.
Donde puedes quieto, y con reposo
consonar con las musas blandamente
y con Apolo el verso numeroso.

Y lo que el ciego Dipsas no consiente
con rudeza, o crueldad, será admitido
del que es menos severo y más prudente.
No estés del temor desto enflaquecido,
ni a tu lira le niegues la sonora

canción, de afecto y ánimo encendido.
Canta la causa en ella, y causadora
de la ardiente pasión del ciego amante
que el desdén ama, y la crueza adora.
En estilo sublime y elegante,

en oración pulida y castigada
numerosa, y de espíritu constante;
limpia, eficaz, y en voces regalada
cual de Píndaro fue y del Lesbio Alceo,
esta poesía mélica cantada.

Y si quieres que llegue tu deseo
adonde aspira, que es a la dulzura
del número, en que tantas fuerzas veo,
la suavidad le viene y la blandura
de nunca o, pocas veces las vocales

colidir, o juntar en su textura.
Donde en número casi son iguales
las vocales y graves consonantes,
dulces serán los versos y cabales.
Landísima es la L y cuando cantes

dulzuras, usa della, y dale asiento
que a las semivocales la adelantes.
De la R usarás cuando el violento
euro contrasta al boreas poderoso
con hórrido furor su movimiento.

La S al blando sueño y al sabroso
sosiego has de aplicar, y desta suerte
guarda el decoro a las demás cuidoso.
Y sobre todas una cosa advierte
que con tal armonía se concierte;

que el concurso de sílabas que usares
que en sus colocaciones y lugares,
regalen y deleiten los oídos,
que es propio de poetas singulares.
Estos advertimientos entendidos

en la ilustre canción prosigue, y mira
que la adornes de afectos encendidos.
De toda aquella novedad que admira
gracia, elegancia, lenidad, blandura

y voces que consuenen en la lira.

Con advertencia singular procura
que siempre levantada sea en concetos,
siempre agradable, y siempre con dulzura.
Usa en ella de muchos epítetos
que al verso dan dulzura, y hermosean,

y por ellos se expresan los afetos.
Los versos que los ánimos recrean
altos, y de la plebe desviados
les hace la perífrasis que sean.
Con ella son magníficos, y ornados

de jocunda belleza y lozanía,
cual deben ser en la canción usados.
Acomódase siempre esta poesía
a variedad de números, y extiende
a todos argumentos su armonía.

Divídese en estancias, y el que entiende
la gravedad de su cultura bella
con lasamiento ni durez la ofende.
Obligan al que hubiere de hacella
que veinte versos tenga cada estanza

no más, y nueve los menores della.
En esta ley ha habido tal mudanza
que de cinco hasta veinte las tenemos,
y una del conde a veinte y tres alcanza.
Dicen que de alabanza carecemos

si una canción hacemos a un sujeto
y más de quince estancias le ponemos.

Contra este ruscélico preceto
don Pedro de Guzmán hizo al Olvido
una canción, y traspasó el decreto.

Sin ser dél, ni sus leyes compelido
el culto Cangas hizo en tres canciones
la descripción de Pafo y la de Gnido.
Célebre fue y loada de varones
la del ingenioso y docto Sayas,

sin sujetarse a lacias opiniones.
Así, lector, cuando estos pasos vayas
no tengas miedo, que si haces esto
desmerezcas el lauro con sus vayas,
debes anteponer a lo propuesto

la variación de números que hacen
venusto este poema, y bien dispuesto.
En la estanza primera como aplacen
al gusto, o al oído en la textura
las rimas, de aquel modo las enlacen.

Mas ha de ser, que en esta ligadura
mudar no puedan consonancia della,
que es detestable objeto de censura.
De versos cortos tienes de hacella
con los endecasílabos mezclados

que he de ser dulce la hacen alta y bella.
Faltará a la canción do son usados
los cortos, o los largos, solamente
quien oídos le dé desocupados.
Canción de versos cortos, no consiente

majestad en estilo, porque aspira
a la dulzura de ellos conveniente.
Para las consonancias de la lira
es la de endecasílabos austera
poco agradable, y della se retira.

Así deben tejerse de manera
que la dulzura temple la aspereza
y consuene la dulce con la fiera.
Quieren también que gocen desta alteza
la sextina, y el nombre le conceden

de canción, igualándola en pureza.
Dar a una estanza solamente pueden
seis versos, con las voces diferentes,
que sin ninguna trabazón proceden.
Son al fin de los versos convenientes

dos sílabas, de nombres sustantivos
y aquí los verbos son impertinentes.
Conceptos altos, pensamientos vivos.
Voces puras, sonoras, regaladas
demandan, con ilustres adjetivos.

Las consonancias dellas van trabadas
sexta y primera, quinta con segunda
cuarta y tercera, sin que sean trocadas.
Aquella será ilustre y más jocunda
que variare más, y más dijere,

Y de terneza, y más concepto abunda.
Si doblar las estanzas te pluguiere
de seis en doce, no te dan licencia
que mudes voz ninguna que tuviere.

Es ley, que no la exenta preeminencia,

encerrar en tres versos solamente
a los seis consonantes sin violencia.
Esto advirtiendo el docto, y el prudente,
Y el que menos noticia tiene dello
hará lo que es forzoso y conveniente.

Bien sé que habrá quien diga sin sabello,
después de habello visto que lo sabe
mejor que yo he sabido disponello.
Y que el aéreo síndico en quien cabe
la eolia toda en su porosa testa

haya por do lo escrito no se alabe.
Pudiera darle al síndico respuesta,
y al nosequé del coro patriarchesco,
que tanto haber un título le cuesta.
Y preguntar si es término burlesco

entre sacras deidades colocarse
y a sus lados pintarse al óleo y fresco.
Si es decoro decente figurarse
en sus ideas, profanas, por divinos,
y a divinos querer aventajarse.

Si es de espíritus puros o malinos
desanimar los justos y los sabios
con sus calificados desatinos.
Si es de sabios llamar a todos Babios;
y al más glorioso y de mayor estima

siempre en su ofensa calentar los labios.
Betis se injuria desto y se lastima

Híspalis, y ofendida pide al cielo
los tales lance en la volcánea sima.
¿Qué irritación es ésta? o ¿cuándo suelo

declarar tales vicios, ni ofenderme
de lo que es plaga general del suelo?
Aquí, de mi razón pienso valerme
que contra maceadores censurantes
sola y desnuda puede defenderme.

Si en lengua pura, y versos elegantes.
numerosos, corrientes, tersos, puros,
ligados con forzosos consonantes;
sin sujetarme los preceptos duros
del Arte, mis preceptos acomodo

no por cansados términos, ni oscuros;
y en ello tengo dicho en nuevo modo
lo que al posible mío fue posible,
que no en todo se puede decir todo;
¿por qué de Vulgio la infestión horrible

ha de empavorecer mi pensamiento
ni retraerme de él su voz risible?
Vaya adelante mi honoroso intento
y al son ahora de la agreste Musa
cantemos el bucólico argumento.

Cantemos en el verso que rehúsa
la alteza urbana a Ménalo agradable
que la zampoña y voz pastoral usa.
Del dios de Arcadia siempre fue loable
la fístula y los árcades famosos

por ella, y su alabanza perdurable.
Usáronla en sus cantos amorosos,
en sus luchas y juegos pastorales
entre bosques, y árboles frondosos.
En ella fue, y en verso humilde a Pales

la custodia encargada del ganado
de los partos, contagios y otros males.
En este verso no ha de ser cantado
el horrible Creonte, o crudo Atreo,
ni sujeto de Marte, o Jove airado.

Cantarán los pastores su deseo
a su rústico Pan o a Fauno antigo
sin salirse de Ménalo, o Liceo;
del fértil pasto, o del seguro abrigo,
del tiempo alegre, o desabrido invierno,

del cierzo odioso, o de favonio amigo.
Esto ha de ser en verso humilde y tierno.
que al sujeto sea clara semejanza,
sin voz que deje el pastoral gobierno.
Aquel será más digno de alabanza

que la silvestre musa ejercitare
entre redes, apriscos y labranza.
Y si al dardo y sabueso la aplicare
o al fugitivo amor de la escondida
ninfa, y por él los montes lastimare,

con justa estimación será leída
la égloga, que destos argumentos
en ríos, prados, selvas fuere oída.
Y aunque se aplique a varios pensamientos

porque admite sujetos diferentes

el amatorio es fin de sus intentos.
El blanco adonde tiran las más gentes
es éste, y los antiguos que lo usaron
lo dieron por ejemplo a los presentes.
Entre las cosas que guardar mandaron

son, que hable el pastor con los pastores
en aquello que solo ejercitaron.
De la caza si fueren cazadores;
si pescador, de nasas y garlitos;
si labrador, del campo y sus labores.

No han de ser sus rencores infinitos
ni sus pasiones con violento daño,
ni amor adulterado de apetitos.
En sus rabiosos celos no haya engaño
que administre venganza ni crueza,

ni suceso que cuenten por extraño.
Lo que trataren todo sea llaneza,
con propiedad conforme al ejercicio
guardando en él la erótica pureza.
Tiénese en una égloga por vicio

que una persona vaya, y otra venga,
aunque administren diferente oficio.
Tres personas no más quieren que tenga,
y éstas, que sin moverse de un asiento
digan aquello que a su fin convenga.

No quieren que se encuentre en argumento
una con otra, y esto estrechan tanto,

que dicen que ni en voz, ni en pensamiento.
La que en una persona en gozo o llanto
concluye su argumento, es más gustosa,

y la de dos, en diferente canto.
Quieren también que sea ley forzosa
que no pase de diez el que hiciere
églogas, y no sé el que dio en tal cosa.
Y si un auto de Apolo no exhibiere

al eglógrafo absuelvo, porque inoro
en qué delito incurra el que excediere.
Esto es lo del otro cita o moro,
que promulgó la bárbara herejía
contra España, que ilustra el cintio coro,

diciendo que no estaba la poesía,
del Pirineo acá, bien entendida,
sin dar otra razón que su osadía.
Quedara esta ignorancia establecida
entre la gente, ajena de cordura;

de envidia, y odio, y deslealtad regida.
Si Apolo que su propio honor procura
en nuestra dota España no tuviera
trasladado su espíritu y dulzura.
Esto diga del Tajo la ribera

fertilizado con el sacro Lasso,
cual del céfiro alegre primavera.
O el mantuano Dauro que el Parnaso
con abundante vena de oro riega,
y al Tebro y Arno les impide el paso.

Y tú ¡oh, fecundo Betis!, cuya vega
enriqueció la sacra musa albana
que a los confines celestiales llega.
Sed aquí el testimonio al que profana
la española deidad, pues a la vuestra

no se puede negar que es soberana.
Y si no fuere a mi deseo siniestra
la inevitable suerte, y me dejare
gozar el aura de la vida nuestra;
haré que el pensamiento desampare

la oscura Pafo, y siga el claro Delo
por do la amada Erato lo llevare;
y con voz libre del común recelo
que se oirá ribombar en Elicona
subiré, España, tu alabanza al cielo.

Y a despecho del bando que pregona
cosa tan desviada de lo cierto,
te ornará Febo y te honrará Belona.
Y primero del orden y concierto
faltarán los efectos naturales,

y en dar su luz Apolo será incierto.
Pacerán juntos peces y animales
por los montes, las aves y serpientes
en perpetua amistad serán iguales.
Que el nombre tuyo y letras excelentes

borre la envidia, ni la sacra fama
deje de celebrar de gente en gentes.
Si de ti la bucólica se ama,
y quieres hacer églogas, conviene

114

otra nueva advertencia que te llama.

Gran parte de ella de su ser contiene
del común uso y trato la desvías,
y el origen te enseña de do viene.
Compónense de odas y elegías;
de coros de tragedias, y de algunas

partes líricas, y otras poesías.
Si destas soledades te importunas,
y ya huyendo quieres desviarte
de las montañas, prados y lagunas,
dellas, si gustas, quiero acompañarte,

al cómico teatro, adonde veas
la fábula ingeniosa recitarte.
Dirás que ni la quieres ni deseas.
que no son las comedias que hacemos
con las que te entretienes y recreas.

Que ni a Ennio ni a Plauto conocemos,
ni seguimos su modo ni artificio,
ni de Nevio ni Accio lo hacemos.
Que es en nosotros un perpetuo vicio
jamás en ellas observar las leyes

ni en persona, ni en tiempo, ni en oficio
Que en cualquier popular comedia hay reyes,
y entre los reyes el sayal grosero
con la misma igualdad que entre los bueyes.
A mí me culpan de que fui el primero

que reyes y deidades di al tablado
de las comedias traspasando el fuero.

Que el un acto de cinco le he quitado,
que reducí los actos en jornadas,
cual vemos que es en nuestro tiempo usado.

Si no te da cansancio y desagradas
desto, oye cuál es el fundamento
de ser las leyes cómicas usadas.
Y no atribuyas este mudamiento
a que faltó en España ingenio y sabios

que prosiguieran el antiguo intento.
Mas siendo dinos de mojar los labios
en el sacro licor aganipeo,
que enturbian Mevios y corrompen Babios;
huyendo aquella edad del viejo ascreo

que al cielo dio y al mundo mil deidades
fantaseadas de él, y de Morfeo;
introdujimos otras novedades,
de los antiguos alterando el uso,
conformes a este tiempo y calidades.

Salimos de aquel término confuso
de aquel caos indigesto, a que obligaba
el primero que en plática las puso.
Huimos la observancia que forzaba
a tratar tantas cosas diferentes

en término de un día que se daba.
Ya fueron a estas leyes obedientes
los sevillanos cómicos, Guevara,
Gutierre de Cetina, Cozar, Fuentes.
El ingenioso Ortiz, y aquella rara

musa, de nuestro astrífero Mejía,
y del Menandro, bético Malara.
Otros muchos que en esta estrecha vía
obedeciendo el uso antiguo fueron
en dar luz a la cómica poesía.

Y aunque alcanzaron tanto, no excedieron
de las leyes antiguas que hallaron
ni aun en una figura se atrevieron.
Entiéndese que entonces no mudaron
cosa de aquella ancianidad primera

en que los griegos la comedia usaron.
O por ser más tratable o menos fiera
la gente, de más gusto o mejor trato,
de más sinceridad que en nuestra era;
que la fábula fuese sin ornato,

sin artificio, y corta de argumento,
no la escuchaban con desdén ingrato.
El pueblo recibía muy contento
tres personas no más en el tablado
y a las dos solas explicar su intento.

Un gabán, un pellico y un cayado;
un padre, una pastora, un mozo bobo,
un siervo astuto y un leal criado.
Era lo que se usaba, sin que el robo
de la espartana reina conociesen

ni más que el prado ameno, el sauce o pobo.
Tuvo fin esto, y como siempre fuesen
los ingenios creciendo y mejorando
las artes, y las cosas se entendiesen,

fueron las de aquel tiempo desechando,

eligiendo las propias y decentes
que fuesen más al nuestro conformando.
Esta mudanza fue de hombres prudentes
aplicando a las nuevas condiciones
nuevas cosas que son las convenientes.

Considera las varias opiniones,
los tiempos, las costumbres que nos hacen
mudar y variar operaciones.
Estas cosas no sé si te desplacen
por ser contra tu gasto su extrañeza

aunque en probable ejemplo satisfacen,
Oyelas con el ánimo y pureza
que se te ofrecen, que razones justas
con la verdad se templa su aspereza.
Si del sujeto comenzando gustas

y a él se inclina tu afición dichosa
y con el mío el modo tuyo ajustas,
confesarás que fue cansada cosa
cualquier comedia de la edad pasada,
menos trabada y menos ingeniosa

Señala tú la más aventajada
y no perdones griegos ni latinos
y verás sí es razón la mía fundada.
No trato yo de sus autores dinos
de perpetua alabanza que estos fueron

estimados con títulos divinos.
No trato de las cosas que dijeron

tan fecundas, y llenas de excelencia
que a la mortal graveza prefirieron.
Del arte, del ingenio, de la ciencia

en que abundaron con felice copia
no trato, pues lo dice la experiencia.
Mas la invención, la gracia y traza es propia
a la ingeniosa fábula de España,
no cual dicen los émulos impropia.

Cenas y actos suple la maraña
tan intrincada, y la soltura della,
inimitable de ninguna extraña.
Es la más abundante y la más bella
en facetos enredos y en jocosas

burlas, que darle igual es ofendella.
En sucesos de historia son famosas,
en monásticas vidas excelentes,
en afectos de amor maravillosas.
Finalmente los sabios, y prudentes

dan a nuestras comedias la excelencia
en artificio y pasos diferentes.
Esto sabido, importa la advertencia
del modo que han de ser, y a que te obliga
el decoro que enseña la experiencia.

Y para que bien logres tu fatiga
el argumento que siguieres sea
nuevo, y que nadie en su vulgar lo diga.
Decir lo que otro dijo es cosa fea
en el propio idioma, aunque se aparte,

si deja rastro o luz por do se vea.
Con extrañeza en todo has de mostrarte
admirable, vistiendo las figuras
conforme al tiempo, a la edad y al arte.
Al viejo avaro, envuelto en desventuras.

al mancebo, rabiando de celosa,
al juglar decir mofas y locuras.
Al siervo sin lealtad, y cauteloso,
a la dama amorosa o desabrida,
ya con semblante alegre, ya espantoso.

A la tercera astuta y atrevida,
al lisonjero envuelto en novedades,
y al rufián dar cédulas de vida.
Los efectos aplica a las edades,
si no es que dando algún ejemplo quieras

trocar la edad, oficio y calidades.
Entre las cosas que prometen veras
no introduzcas donaires, aunque dellos
se agrade el pueblo, si otro premio esperas.
Los versos han de ser sueltos y bellos

en lengua y propiedad, siempre apartados
que en la trágica alteza puedan vellos.
Si te agradare pueden ser llegados
al satírico estilo, en que tuvieron
por principio los cómicos osados.

Guarda el decoro que jamás perdieron
en dar conforme al caso que tratares
el estilo, y el verso, cual hicieron.
Si a rey, legado alguno le enviares

diferencia el estilo al ordinario,

que es vicio si a los dos los igualares.
No debes ser en esto voluntario
sino mirallo bien, porque es defeto,
y en la comedia nuestra necesario.
Cuando hagas comedia, ve sujeto

al arte, y no al autor que la recita,
no pueda el interés más que el sujeto.
Con el cuidado que es posible evita
que no sea siempre el fin de casamiento
ni muerte si es comedia se permita.

Porque debes tener conocimiento
que es la comedia un poema activo,
risueño, y hecho para dar contento.
No se debe turbar con caso esquivo
aunque el principio sea rencilloso,

el fin sea alegre sin temor nocivo.
La comedia es retrato del gracioso
y risueño Demócrito, y figura
la tragedia de Eráclito lloroso.
Tuvo imperio esta alegre compostura

hasta que Tifis levantó el estilo
a la grandeza trágica y dulzura.
Siguió en nueva invención el propio hilo
añadiéndole ornatos, y enseñando
a los farsantes, el discreto Esquilo.

Desterró el uso prisco mejorando
las personas, haciéndolas honestas,

y a no representar satirizando.
Y no parando su invención en éstas,
sobre el teatro puso las acciones,

haciéndolas al pueblo manifiestas.
En efecto enseñó a doctos varones
el hacer y saber representallas,
testando las antiguas opiniones.
De aquella suerte la tragedia hallas

en que las hizo su inventor primero
aunque algunos osaron mejorallas.
No traspasando el inviolable fuero
de los actos, y cenas, y el decoro
de las personas, y el suceso fiero.

Sófocles añadió el lloroso coro,
lamentando desdichas miserables,
entre reales púrpuras y oro.
Fueron en aquel tiempo así agradables,
mas en el nuestro en todo se ha mudado

si no es en los sucesos espantables.
El maestro Malara fue loado
porque en alguna cosa alteró el uso
antiguo, con el nuestro conformado.
En el teatro mil tragedias puso

con que dó nueva luz a la rudeza
della apartando el término confuso.
Aplica al verso trágico la alteza
épica, y dale lírica dulzura
con afectos suaves, sin dureza.

Con epítetos adornar procura
tus versos, que al poeta hermosean,
y al orador ofenden la escritura.
En la tragedia alguna vez afean
los sucesos contados de otra suerte

dando ocasión que la verdad no crean,
Y si en este precepto no se advierte
la Historia en que se funda la tragedia
se ofusca, y, de lo cierto se divierte.
De fábula procede la comedia

y en ella es invención licenciosa
cual vemos en Naharro y en Heredia.
El cómico no puede usar de cosa
de que el trágico usó, ni un solo un nombre
poner, y ésta fue ley la más forzosa.

Si quieres que se estime, y que se nombre
tu musa, y que a las musas dignamente
te hagan de mortal, inmortal hombre;
hállete el vulgo siempre diferente
en lenguaje, pues hablan los poetas

en otra lengua que la ruda gente.
Procura que tus obras, sean secretas
antes que las divulgues, si no quieres
que sean a nuevo poseedor sujetas.
Si por la vía hercúlea acaso fueres,

ten cuenta en una grata que hay en ella
do Ciso baila a Baco y danza a Ceres.
Del círculo oriental la forma bella
jamás aquí fue vista la presencia

ni de su extremidad pudieron vella.

Con otra luz traída con la ciencia
de un fantástico y nuevo Prometeo
sienten de Apolo menos el ausencia.
Aquí la lira celestial de Orfeo,
en menosprecio, con Vulchin consuena;

Mulcio es Píndaro aquí; Agas, Museo.
Está de voces disonantes llena
del poeta Cleón siciliano,
que de torpezas ambos orbas llena.
Agido, el que cantó en sermón greciano

al macedonio príncipe la horrible
idolatría, con discurso vano,
es quien preside aquí, con el terrible
y detestable Momo y Zoilo injusto,
émulos de visible y de invisible.

De aquí digo que huigas, si tu gusto
no es querer peligrar, probando el daño
que no reserva al escritor de Augusto.
Si te parece que es consejo extraño,
mira el efecto bien, y verás cierto

que ni te lisonjeo, ni te engaño.
Ni cosa ajena de verdad te advierto.

Félix Lope de Vega y Carpio (1562-1635)
Artes poéticas

A Don Juan de Arguijo, veinticuatro de Sevilla (I)
Para escribir Virgilio de las abejas, hablando con Mecenas, dijo: Admiranda
tibi levium spectacula rerum.
Si V.M. ha pasado mi Angélica, ni viene mal esto mismo, y así dice el Tasso
en su Poética que se pueden tratar las cosas humildes con ornamento
grande, que responde a lo que en la Arcadia tengo escrito. Este poema
no es heroico ni épico, ni le toca la distinción de Poema y Poesis que pone
Plinio. Basta que le venga bien lo que dijo Tulio de Anacreonte, que tota
poesis amatoria est. Algunos llevan mal las exornaciones poéticas contra el
consejo de Bernardino Danielo, que no quiere que se use de palabras bajas,
y realmente eso se concede a cómicos y satíricos, como se ve en Terencio
y Persio. A la Arcadia objetan el efecto. Aquella prosa es poética que, a
diferencia de la historial, guarda su estilo como se ve en el Sanazaro. ¿Y qué
tiene de diferencia azules lirios y siempre verdes mirtos a este principio?:
Sogliono il più delle gli alti e spaziosi alberi negli orridi monti dalla natura
prodotti più che le coltivate piante, da dotte mani espurgati negli adorni,
giardini a'riguandanti aggradare.
Aquí pone el Sanazaro «altos y espaciosos árboles, hórridos montes, cul-
tivadas plantas, doctas manos y adornados jardines». De manera que casi
hay tantos epítetos como palabras. Porque la amplificación es la más gallar-
da figura en la Retórica, y que más majestad causa a la oración suelta. Y los
epítetos ¿por qué han de ser pleonasmos? La redundancia de palabras en
la oración es viciosa cuando están en ella ociosas y sin alguna causa, como
quien dijese: «Oyó con los oídos; habló con la boca y vio con los ojos», como
condena en el Petrarca el Daniello cuando dijo:
Se Virgilio e Omero avessin visto
quel sole, il qual veggo io con ogli occhi miei.
Y aquello verdaderamente es afirmativo, y en el hablar común recibido
por ordinario término, como en Terencio: Hisce oculis ego met vidi. Que
los lugares todos de Virgilio a este modo tienen diversa inteligencia como
cuando dijo:

Talia voce refert.

Porque dice que aquello dijo con la voz, pero que proemit altum corde dolorem, y que spem vultu simulat.

La Arcadia es historia verdadera, que yo no pude adornar con más fábulas que las poéticas. No es infructuosa, pues enseña en el quinto libro la virtud de Anfriso, y el método para huir de amor y del ocio, por la opinión de Horacio, que omne tulit punctum. Y a quien le ha leído podría yo decir lo que Juan de Monteregio por las Teóricas de Gerardo Cremonense, que no estaban escritas a su gusto, y dábansele al amigo que las leía: Optimi viri functus est officio: non modo enim benedicentibus gratiae sunt habendae, verum etiam errantibus: nam per hos quidem cautiores reddimur, per illos autem meliores. Que es lo mismo que dijo Luis Vives: Ex sapientibus disce, quo fias melior; ex stultis quo fias cautior. Y después en aquel libro y en este, en aquella y esta pintura es una misma la pluma y los pinceles, no será fuera de propósito responder algo, no que parezca defensa ni satisfacción, que tan mal suelen dar autores vivos, y por eso dice bien aquella inscripción del hieroglífico donde está la muerte laureada: Hic tutior fama.

Usar lugares comunes, como engaños de Ulises, salamandra, Circe y otros ¿por qué ha de ser prohibido, pues ya son como adagios y términos comunes, y el canto llano sobre que se fundan varios conceptos? Que si no se hubiera de decir lo dicho, dichoso el que primero escribió en el mundo, pues a un mismo sujeto bien pueden pensar una misma cosa Homero en Grecia, Petrarca en Italia y Garcilaso en España. Ni es bien escribir por términos tan inauditos que a nadie pareciesen inteligibles; pues si acaso las cosas son escuras, los que no han estudiado maldicen el libro porque quisieran que todo estuviera lleno de cuentos y novelas, cosa indigna de hombres de letras; pues no es justo que sus libros anden entre mecánicos e ignorantes, que cuando no es para enseñar no se ha de escribir para los que no pudieron aprender.

Esto de las arenas y estrellas está recibido, y las habemos de buscar por fuerza para un gran número, pues no puede ser mayor que, habiéndole dicho Dios a Abrahán: Numera stellas, si potes, pues él solo las contó y llamó por su nombre, como David lo dice y Jeremías: Sicut numerari non possunt stellae coelli, aunque Albateño, Alfragano y Tolomeo las reduzcan a número de mil y veinte y dos; y así lo vemos en cuantos han escrito. Marulo dijo:

Non tot signa micant tacente nocte,

y más abajo por las arenas:

Non tantus numerus Libyssae arenae,

y Catulo lo mismo:

Quam magnus numerus Libyssae arenae,

y Silio Itálico por las estrellas:

Quam multa affixus coelo sub nocte serena
Fluctibus et mediis sulcator navita ponti
Astra videt,

y Ovidio:

Quot coelum stellas, tot habet tua Roma puellas,

y en otro lugar:

Quot flavas Tibris arenas.

Luego si todos los antiguos y celebrados para comparar grandes números traen las arenas y estrellas, no es error imitarlos ni decir lo dicho.

Las «tórtolas» y «Troya» no es justo que las culpe nadie por repetidas, pues lo fuera en el Petrarca haber hecho tantos sonetos al Lauro, y el Ariosto al Ginebro y el Alemani de la Pianta; que si los nombres de las personas que amaron les dieron esa ocasión, yo habré tenido la misma.

127

Las Églogas de aquellos pastores no son reprehensible por imitadas, ni esta tela de la Angélica por trama de Ariosto, que él también la tomó del Conde Mateo María, y cuando lo fueran, otros habían primero que yo errado en lo mismo. Pero no porque Tespis hiciese la primera tragedia, como refiere Horacio en su Arte Poética, y Dafne las Bucólicas por opinión de Suidas y de Diodoro en el libro quinto, fuera bien que dejara de hacer Séneca su Agamenón y Hércules, y Virgilio sus Églogas, fuera de las que con tanta elegancia escribieron Calfurnio, Nemesiano, el Petrarca, Juan Baptista Mantuano, el Bocacio y Pomponio Gaurico, y el mismo Virgilio toma las suyas de Teócrito, pues es opinión de Servio que este verso tuvo principio en tiempo de Jerjes, y lo que después han escrito las han tomado de Virgilio.

Livio Andrónico inventó las comedias, pero no perdió honra Plauto con las suyas, pues se dijo dél que hablaban las Musas ore Plautino, como afirma Epio Stolo y refiere Crinito, Y el Poema heroico de Homero ¿qué ha quitado al de Virgilio, Estacio y Lucano? Y los sacerdotes egipcios que Josefo siente por los primeros inventores del escribir en prosa, o sea Moisés o Cadmo, como duda Polidoro, ¿por qué han de ser dueños de la historia de Eusebio, Tito Livio, Nauclero y Paulo Jovio? Reprehenden que haya dicho:

A quién hiela el desdén, y el amor arde

que no quisieran que fuera activo; caso extraño es de la manera que nos privan de lo que cuantos han escrito llaman licencia, aunque en esto no la tomé yo, sino Virgilio cuando dijo:

Corydon ardebat Alexim.

Que también a mí me puede valer la respuesta de los Gramáticos (de que Dios nos libre) id est, ardenter amabat. Dice en otro lugar reprehendido, hablando del Sol:
Al tiempo que se humilla.
Este Ovidio lo dijo: Pronus erat Titam y en otra parte:

Inclinatoque petebat

Hesperium fretum,

y Lucano:

Iam pronus in undas,

y Estacio:

Sol pronus equos.

Y pues ya he llegado a esto, no puedo dejar de referir a V.M. la objeción de uno destos, de quien se dice que escriben y es como el cantar de los cisnes, que todos saben que cantan, pero ninguno los oye; a lo menos que no saben la diferencia que va del borrador al molde, de la voz del dueño a la del ignorante, de leer entre amigos o comprar el libro; fue sobre aquella fábula de Palas en mi Arcadia:

Palas con furor y envidia.

Dijo que ¿cómo siendo diosa tenía envidia? Y respondíle que dioses que tenían sensualidad bien podían tener envidia. Pues se leen de Júpiter más de dos mil doncellas violadas, de que se hallarán en el Bocacio más de otros tantos hijos, y que si no sabía que fueron mortales hombres, leyese a Palefato De non credentis fabulis.

Aquí se ofreció reprender haber dicho por imposible que el aire tendría cuerpo, y debe de ser que no conoció que yo no hablaba del tangible sino del cuerpo opaco; que esto es tener cuerpo, ser discernido de la vista, y la distinción es luz del argumento. Y porque en aquel libro y en este, particularmente donde escribo tantas hermosuras y tan diversas, y en cuantos tiene el mundo de poesía, cansa a muchos que se pinte una mujer con oro, perlas y corales, pareciéndoles que sería la estatua de Nabucodonosor, no puedo dejar de referir aquí lo que siento con algunos lugares de poetas antiguos. Cornelio Gallo pintó a su Lidia de esta suerte en estos celebrados líricos:

Lidya puella candida,
quae bene superas lac et lilium
albanique simul rosam rubidam

y aun aquí llamó a la rosa «colorada», y a la azucena «blanca». Pero díjolo
Virgilio:

Alba ligustra cadunt.

Mas pasando adelante:

Aut expolitum ebur Indicum.
Pande, puella, pande capitulos.
Flavos, lucentes, ut aurum nitidum.
Pande, puella, collum candidum.
Productum bene candidis humeris.
Pande, puella, stellatos oculos.

Que aquí los llama no solo de estrellas sino «estrellados».

Pande, puella, genas roseas
Perfusas rubro purpurae Tyriae.

Dice que son de rosa, y bañadas de púrpura de Tiro.

Porrige labra, labra coralina.

Aquí llama a los labios «corales».
Y luego más abajo: «Conde papillas, conde gemipomas».
Que aún llama a los pechos dos manzanas, y Fausto Sabeo también:

Iecit in amplexus roseos, malasque papillas.

Pero sin esto, dijo Virgilio por Lavinia:

Indum sanguineo veluti violaverit ostro
Siquis ebur, aut mixta, rubent ubi lilia multis
Alba rosis, tales virgo dabat ore colores.

Llama también blanca a la azucena y hácele la cara como marfil de Indias, y mezclado con la sangre de las conchas que llaman púrpura, y la juntó con rosas y azucenas. Y Mantuano dijo por la Virgen: Os roseum, boca de rosa, y frontique decorem sidereum, y nuestro divino Arias Montano en aquellos tetrásforos la llamó de oro y de rosa:

Ut vultus rosae Virginis aureos.
Uxor levitici Pontificis videt, etc.

Y adonde dijo Jerónimo Vidas:

Pudor ora pererrans,
Cana rosis veluti miscebat lilia rubris.

Llama a las azucenas canas, a las rosas rojas, y dijo que mezclaba la vergüenza en la cara las rosas y las azucenas. ¿Y por qué dijo Policiano que el Sol salía con la boca de la rosa?:

Extulerat roseo Cynthius ore diem,

y Horacio:

Nunc et qui color est punicae flore prior rosae,

y Pontano:

Roseumque labellis,

y Boecio:

Roseis quadrigis,

y Estacio:

Purpureo vehit ore die.

Y aun me acuerdo de haber leído en Virgilio purpuream animan vomit, que es más que todo. Y por no cansar a vuestra merced ¿qué poeta tiene el mundo sin estas metáforas? Si Garcilaso fue tan casto escritor ¿por qué dijo: «En tanto que de rosa y azucena»? Pero habíalo dicho Horacio, de quien él lo tomó en aquella Oda celebradísima. No digo esto a vuestra merced de quien sé por experiencia que ninguno en España sabe mejor esta materia, ni más despacio ha desentrañado los poetas latinos, sus metáforas, alegorías, contraposiciones, aposiciones, similitudes, traslaciones, licencias, apóstrofes, superlaciones y otras figuras, pues es cierto que sin ellas aun no lo sabrían hacer los que sin arte escriben.

Pues las imitaciones siempre han sido admitidas, y aun a veces las mismas traslaciones ¿qué más clara puede ser que esta de Virgilio en el segundo de la Eneida?:

Regnatorem Asiae iacet ingens littore truncus.

Y el Ariosto en el canto cuarenta y dos, estancia 9:

Del Regnator di Libia il grave trunco.

Pues espantarse de que un vocablo latino se españolice, no sé por qué, que el mismo Ariosto le tomó español cuando dijo:

Sopra me questa empresa tutta quiero.

Pues en razón de descuidos ¿por qué no se han de sufrir en carrera larga habiendo el mismo dicho?:

¿Lo elmo e lo scudo anche a portar gli diede?

Pues si había dicho que Astolfo le había atado las manos, era imposible que le llevase el yelmo y el escudo. Con esto pienso que se habrá satisfecho a algunos, aunque esto se pudiera excusar, pues para los que entienden no era necesario, y para los que ignoran es como no haberlo dicho. V.M. perdone las faltas y prolijidad de este discurso en cuyo fin le ofrezco estos sonetos que se siguen. De cuyo estilo, en orden al que deben tener, no disputo, pues está tan a la larga tratado de Torcato en la lección que hizo en la Academia de Ferrara sobre un soneto de Monseñor de la Casa, sacando de la opinión de Falereo y Hermógenes, que habiendo este género de poema se ser de conceptos, que son imágenes de las cosas, tanto mejores serán cuanto ellas mejores fueren; y habiendo de ser las palabras imitaciones de los conceptos, como Aristóteles dice, tanto más sonoras serán cuanto ellos fueren más sublimes. Vuestra merced los reciba con mi voluntad, de quien puede estar satisfecho como yo lo estoy, de que si fueran de ese divino ingenio iban seguros de ser estimados como agora temerosos de ser reprehendidos.

Don Juan de Arguijo, veinticuatro de Sevilla (y II)
Es de manera ventilada en el mundo esta cuestión de honor debido a la poesía, que no hay quien se atreva a dársele y muchos atrevidamente se le quitan, y así lloraba Ovidio:

Hei mihi, non multum carmen honoris habet.
Y Tito Calfurnio, en la Égloga cuarta:
Frange puer calamos, et inanes desere Musas.

Y sucédele como a las diversas naciones en materia del conocimiento de Dios, que puesto que unas han adorado al Sol, otras a los animales y algunas a los hombres, ninguna ha sido tan bárbara que haya negado que le hubiese; lo que sucede por momentos a la Astrología con las varias opiniones, como se ve en lo que de su verdad o mentira escribió Levinio Lemnio. Ser arte es infalible, pues consta de sus preceptos, aunque haya quien diga: Quamquam non ita verum omnia, quae canunt, arte cani, nam miranda canunt, sed non credenda. Y en honra suya a este propósito basta que Platón llame a los poetas insignes, y a la poesía preclara, y más adelante, sacra, como también Ovidio:

Quid petitur sacris, nisi tantum fama, poetis?

Con que convienen tanto Cicerón y Aristóteles. Muchos la han aborrecido en la parte que también Platón la reprehende cuando imita enojosamente las costumbres. Pienso que aquí se entienden las invectivas, de quien se ofendió tanto Roma, cuando se conoce de la ley que los censores hicieron a este efecto, referida por Horacio: Quin etiam lex penaeque lata, malo quae nollet carmine quemquam describi. Pero que lo sienta así, o como arriba digo, argumento es de la estimación en que acerca dél estuvo, hallarse escrito que toda su Filosofía tomó de Homero, clarísimo y antiquísimo poeta que fue, según la opinión de Cornelio Nepos, ciento y sesenta años antes de la fundación de Roma. Plutarco los tiene por útiles, y Tulio en la oración pro Archia poeta bastantemente los encarece, y muchas de sus obras adornó de lugares suyos. Las palabras de Estrabón son notables: Antiqui poeticam primam quandam philosofiam perhibent, quae ab ineunte nos aetate ad vivendi rationes adducit, quae mores, quae afectiones doceat, quae res gerendas cumiucunditate praecipiat. Y si en su Sintaxeos Pedro Gregorio no parece sentir bien de ella, esto no lo niega a lo menos: Probo quidem artem omnino, ut pote quae in electione verborum et sententiarum ingenia aquat et exerceat, et quae ad optima etiam possit esse celebranda instrumentum, y que no ha habido jamás entre bárbaros, gentiles y cristianos culto divino sine aliqua metrica decantatione, como se ve en nuestros himnos santísimos y yo tengo referido en mi Isidro. A que también alude Horacio en la primera epístola ad Augustum, donde con tanto primor encarece las partes en que puede ser útil y digna de alabanza. Olimpo Nemesiano dice que:

Levant carmina curas.

Y Tibulo que a quien alabaren las Musas, Vivet, dum robora tellus, / dum coelum stellas, dum vehat amnis aquas.

Y Ateneo dice que los antiguos (con serlo él tanto) cantaban en sus convites los versos que llamaban inaequales: Haec carmina canebant sapientis, atque singuli odam aliquam pulchram in medium ut proferrent dignum existimabant, eamque pulchram adhortationem, sententiemque utilem vitae opus esse crediderut.

El lugar en que San Agustín la llama error, Demócrito, insania, San Pablo, fábulas vanas y San Jerónimo la reprehende, debe ser entendido por aquel tiempo en que los poetas antiguos llamaban a Júpiter Omnipotente, escribían los vicios y torpezas de sus dioses, juraban por Cástor y Hércules, como se ve en Terencio y Plauto, que imitaban el lenguaje de entonces, y otras cosas que a nuestra Religión pueden ser ofensivas. Catón reprehendió a un cónsul porque tenía al famoso Enio (tan estimado de Cicerón) en su provincia, cosa por cierto demasiadamente dura y estoica; y así Pierres Constau, francés, no creyendo que Platón haya metido en este número a los buenos poetas, dice en sus Narraciones filosóficas, que no solamente no mueven los espíritus a mal, pero que deseando igualar la virtud de los que celebran, con aquella emulación se incitan a hacer bien, y así es a este propósito en honra de Homero famoso el encarecimiento de Alejandro. Cuando Ovidio dijo: Teneros ne tenge poetas, que eslo mismo que el referido francés dice:

De ne chercher trop curiosement
écrits lascifs et remplis de diffame
car ils nous font ofencer grièvement,
oublier Dieu, maculer corps et âme.

Y Juvenal: Nil dictu foedum visuque hoec limina tangant, porque no corrompiesen las costumbres. Y Herodoto: Poetae sunt perniciosissimis leonibus. Allá miraban el buen Marcial y otros, que sin duda lo son, aunque agudísimos, a cualquiera entendimiento casto. Y en razón del hablar libre también creyó la antigüedad que los dioses habían cegado al poeta Stersícoro, tan famoso que tenía Horacio por peligroso imitalle en castigo de haber hablado poco dignamente de la hermosura de Helena. y Crinito refiere la liberad de los poetas griegos Cratino y Aristófanes con la queja que los Metelos tuvieron del poeta Nevio, castigado en la cárcel por maldiciente.

No tienen ahora esos estilos los libros, ni las censuras dellos los permiten escandalosos, de más que, por la parte de ser tiernos, la prosa suele hartas veces hurtar a la poesía sus licencias, como en Heliodoro, Apuleyo y muchos de los modernos. A esto se parecían algo los españoles antiguos, así en los encarecimientos atrevidos como en las virtudes poco honestas. Y es claro ejemplo las coplas castellanas de Juan Álvarez, algunas de Cartagena, Lope de Estúñiga y la Justa que hizo Tristán. Solo me parece que los disculpa no las haber impreso con su gusto, sino aquellos que después la juntaron para hacer volumen. Y así no me maravillo que los oídos castos y religiosos aborrezcan generalmente lo que en sí es bueno por particulares tan malos y dignos de reprehensión.

La poesía casta, limpia, sincera, aunque sea amorosa, no es ofensiva, que no la ha parecido la del Petrarca a ningún recatado ingenio; la del Serafino Aquilano, el Cardenal Bembo, Luis Alemani, Aníbal Nozolino, Vulteyo, francés, los dos Tassos y otros, aunque amorosos, honestísimos poetas. Ni dejó San Agustín de leer y encarecer el libro cuarto de la Eneida por ser tierno sino por el testimonio levantado injustamente a Dido de que también se queja Ausonio. Castísimos son aquellos versos que escribió Ausías March en lengua lemosina que tan mal, y sin entenderlos Montemayor tradujo. Bien parecían antiguamente aquellos conceptos amorosos dichos con la blandura de los pensamientos, y no ofendiendo la gravedad de los que los sentían. El Duque segundo de Alba en aquella edad escribió así:

> Tú, triste esperanza mía,
> conviene que desesperes,
> pues que mi ventura guía
> la contra de lo que quieres.

Y el Duque de Medina en aquel mismo tiempo:

> Son mis pasiones de amor
> tan altas en pensamiento,
> que el remedio es ser contento
> por la causa de dolor.

Y don Jorge Manrique en este galán pensamiento:

No sé por qué me fatigo,
pues con razón me vencí,
no siendo nadie conmigo,
y vos y yo contra mí.

Y Juan de Mena dijo milagrosamente:

Por pesar del desplacer
querría poder forzar
mi deseo al mal querer
como el vuestro al desear;
que sabiendo que por él
vivo vida trabajosa,
asaz seríades cruel,
si no fuésedes piadosa.

A este modo fue en aquel tiempo famoso Tapia, Garci-Sánchez y otros. Ni el señor rey don Juan se ofendió de escribir a Juan de Mena versos, ni el Almirante a Castillejo. Fueron el Duque de Sessa y don Diego de Mendoza maravillosos, que de Garcilaso y Boscán, nombrándolos, está dicho; que Boscán si no alcanzó la experiencia de los versos largos, nadie le puede negar los altos pensamientos, y en nuestro tiempo hubo muchas canciones castísimas de Pedro de Lerma, don Juan de Almeida, don Lope de Salinas, Figueroa, Pedro Láynez y don Fernando de Acuña. Y para decir verdad, en ningún siglo ha conocido España tantos príncipes que con tal gracia, primor, erudición y puro estilo escriban versos, como son tan evidente ejemplo el Conde de Lemos, el de Salinas, el Marqués de Cerralvo, el Comendador Mayor de Montesa, el Duque de Osuna, el Marqués de Montes Claros y el doctísimo Duque de Gandía, si no malograra su temprana muerte los que con tanta elegancia escribió el Marqués de Tarifa, nuestro siglo sin duda había hallado en España su poeta. Y pienso que cuando por sus estudios y únicas partes (que entre tales señores es justo nombrarle) no mereciera Herrera nombre de divino, por la castidad de su lenguaje lo mereciera. Y si como de amigos familiares fueran de todos vistos los versos que V.M. escribe, no era menester mayor probanza de lo que aquí se trata que huyendo toda lisonja como quien sabe cuánto V.M. la aborrece, sin tocarle a aquellas palabras de Tulio, que Maxima culpa in eo est, qui et veritatem aspernatur, et in fraudem obsequio impellitur, ni a mí lo que él mismo más adelante cita del Eunuco de Terencio, dudo que se hayan visto más graves, limpios y de mayor decoro, y en que tan altamente se conoce su peregrino ingenio, que con las virtudes de que el cielo ha dotado sus honestísimas costumbres luce notablemente, y por quien dijo bien Cornelio Galo:

Quin etiam virtus fulvo pretiosior auro,
per quam praeclarum plus nicat ingenium.

Los sonetos llaman los italianos rime mescolate; las sestinas y madrigales rimas libres; las canciones en parte libres y en parte ordenadas, como también los son las estancias que en España llaman octavas rimas por ser de ocho versos, menos bárbaramente que a las canciones de a cinco llamar liras porque las comenzó Garcilaso diciendo Si de mi baja lira. De las estancias fueron inventores los sicilianos, aunque dicen que ellos solamente las hacían de seis versos y que el Bocacio añadió los dos últimos con que agora se cierran; los tercetos, de quien fue autor el Dante, son también rimas ordenadas. Llamáronse así porque cada rima se pone tres veces, eslabonándose unos a otros con maravillosa gravedad y artificio, pues se puede proseguir en ellos cualquier argumento como se ve en los Triunfos del Petrarca, y en los diversos capítulos y elegías que en Italia se usan de las estancias. Y destos se fabrica el soneto, aunque los ocho versos primeros difieren de la orden de la estancia y aun en los tercetos hay libertad d hacerlos, como se ve en tanta variedad de ejemplos. Pero no hay duda que cuando el terceto dellos guarda su rigor concluye más sonora y con más fuerza, respondiéndose mejor las cadencias a menos distancia de los que aquí van escritos. Volviendo al primer propósito, algunos significan tal vez propios afectos con alguna eficacia, pero siempre llevan la mira a la estimación propuesta cuando se les conozca desigualdad. Bien lo tiene disculpado Horacio aun en los que saben mucho, cuanto más en los que, como yo, fueren ignorantes:

> Sunt delicta tamen, quibus ignovisse velimus:
> nam neque chorda sonum reddit quem vult manus et mens;
> poscentique gravem persaepe remittit acutum,
> nec semper feriet, quodcumque minabitur arcus
> Algunas faltas perdonar debemos;
> la cuerda a intento y mano no se junta;
> queda agudo, si grave pretendemos,
> ni siempre acierta el arco donde apunta.

Papel que escribió un señor destos reinos a Lope de Vega Carpio en razón de la nueva poesía:

Con mucho gusto he leído los dos poemas de ese caballero, solicitando entenderle con algún estudio de la lengua latina, en que he pasado los poetas que en ella tienen más opinión, y de la toscana, que aprendí en mis tiernos años, cuando el Duque, mi señor, asistió en Roma; pero habiéndome enviado un amigo este Discurso contra ellos, he quedado dudoso, aunque no por eso he perdido el gusto de muchas partes que hay en estos dos poemas, dignos del nombre de su autor. Mas confieso a vuesa merced, señor Lope, que querría que me dijese lo que siente desta novedad, y si le estará bien a nuestra lengua lo que hasta agora no habernos visto; porque si en esta frasi se escriben libros, será necesario que salgan la primera vez con sus comentos, y, éstos, pienso yo que se hacen para declarar después de muchos años las dificultades que en otras lenguas, o fueron sucesos de aquella edad, o costumbres de su provincia; que en lo que es historia y fábula, ya tenemos muchos, y pienso que los que ahora comentan no hacen más de hacer otras cosas a propósito por ostentación de sus ingenios. Esto deseo saber del que en vuesa merced es tan conocido; no lo rehúse, que este advertimiento es porque le conozco, y porque yo fío de su modestia que a nadie le parecerá mal su censura, y yo le quedaré en mucha obligación. Dios guarde a vuesa merced como deseo.

Respuesta de Lope de Vega Carpio

Mándame vuestra excelencia que le diga mi opinión acerca desta nueva poesía, como si concurrieran en mí las calidades necesarias a su censura, de que me siento confuso y atajado; porque, por una parte, me fuerza su imperio, en mis obligaciones ley precisa, y por otra, me desanima mi ignorancia, y aun por ventura el peligro que me amenaza si este papel se copia, en el cual ni querría dar gusto a los que esta novedad agrada, ni pesadumbre a los que la vituperan, sino solo descubrir mi sentimiento, bien diferente de lo que muchos piensan, que, dando crédito a sus imaginaciones, son intérpretes equívocos de los pensamientos ajenos. Discurso era éste para mayor espacio del que permite un papel que responde a un príncipe en término preciso, y más en esta ocasión, y donde tantos están a la mira del arco, como si el más diestro tirador, como Horacio dijo, pudiese dar siempre al blanco; y así, procuraré con la mayor brevedad que me sea posible decir lo que siento, que pues Aristóteles en el libro primero de sus Tópicos dejó advertido que los filósofos, por la verdad, debent etiam sibi contradicere, bien puede el arte de hacer versos, pues todo su fundamento es la filosofía, como consta de]os antiguos, no sin afrenta de muchos de] os modernos, con el debido respeto a tanto varón, no digo contradecir, pero dar licencia aun hombre para decir lo que siente. Mas hay algunos que a las cosas del ingenio responden con sátiras a la honra, valiéndose de la ira donde les falta la ciencia, y quieren más mostrarse ignorantes y desvergonzados negando lo que escriben, que doctos y nobles en lo que defienden. En las Academias de Italia no se halla libertad ni insolencia, sino reprehensión y deseo de apurar la verdad; si ésta lo es, ¿qué pierde porque se apure, ni qué tiene que ver el soneto deslenguado con la oposición científica? No lo hizo así el Taso, reprehendido en la Crusca por la defensa del Ariosto; no así el Castelvetro por la de Aníbal Caro; pero, en efecto, España ha de hacer lo que dicen los extranjeros, como se ve por el ejemplo de Antonio Juliano, de quien se rieron los griegos en aquel convite: Tamquam barbarum et agrestem, qui ortus terra Hispaniae foret.

Yo, señor, responderé a lo que vuestra excelencia me manda, con las más llanas razones y de más cándidas entrañas; porque realmente (y consta de mis escritos) más se aplica este corto ingenio mío a la alabanza que a la reprehensión, porque alabar bien puede el ignorante, mas no reprender el que no fuere docto y tenido en esta opinión generalmente; aunque en esta felicísima edad vemos hombres anotar y reprender cuando fuera justo que comenzaran a aprender; pero atájales la soberbia el camino de conseguir las ciencias con la humildad y contemplación; porque si todos los artes (como los antiguos dijeron) in meditatione consistunt, quien toma los libros para burlarse con arrogancia, y no para inquirir con humildad lo que enseñan, claro está que se hallará burlado y malquisto, justo premio de su locura. Cuán diferente juicio sea el de los hombres sabios díjolo muy bien Hermolao Bárbaro por estas palabras: Faciunt hoc alba, et ut graeci dicunt, bene nata ingenia: quorum summa et certa proprietas est, numquam docere, doceri semper velle, judicium odisse, amare silentium, quibusduobus tota pythagoricorum et academicorum continetur praeceptio. Déstos refiere Aulo Gelio que callaban dos años; pues ¿de quién son discípulos estos que siempre hablan? Bien dijo Plutarco del callar: Nescio quid egregium Socraticum, aut potius Herculeum prae se fert. No es buena manera de disputa la calumnia, sino la animadversión, que, Si vita nostra in remissionem et studium est divisa, no lo dijo Falereolo por la educación destos hombres, que no es éste el estudio que se distingue de la remisión.

Presupuestos, pues, estos principios como infalibles, y dando por ninguna la objeción de los que dicen que no se deben poner a las novedades, de que una facultad recibe aumento, porque omnium rerum principia parva fiunt, sed suis progressionibus usa augentur, ¿cuál hombre será tan fuerte, como César dijo, que non rei novitate perturbetur, y atienda a penetrar la causa de que nació la filosofía? y si una de las tres partes en que Cicerón la divide es: De disserendo, et quit verum, et quid falsum, quid rectum in oratione, quid pravum, quid consentiens, quid repugnet judicando; ésta es mejor manera de hablar que responder con desatinos en consonantes, que más parecen libelos de infamia que apologías de hombres doctos. Finalmente, yo pienso decir mi sentimiento, tengan el que quisieren los que obliquis oculis miran la verdad impedidos de la pasión, porque, Minime profecto fraudi esse debet, como Turnebol dice, juvandi studium, quod amplexi, obtrectatores contemnimus. De cuyos ingenios no puede temer ofensa quien desea la verdad con honestas palabras.

El ingenio deste caballero, desde que le conocí, que ha más de veinte y ocho años, en mi opinión (dejo la de muchos) es el más raro y peregrino que he conocido en aquella provincia, y tal que ni a Séneca ni a Lucano, nacidos en su patria, le hallo diferente, ni a ella por él menos gloriosa que por ellos. De sus estudios me dijo mucho Pedro Liñán de Riaza, contemporáneo suyo en Salamanca; de suerte que non indoctus pari facundia. et ingenio praeditus, rindió mi voluntad a su inclinación, continuada con su vista y conversación, pasando a la Andalucía, y me pareció siempre que me favorecía y amaba con alguna más estimación que mis ignorancias merecían. Concurrieron en aquel tiempo en aquel género de letras algunos insignes hombres, que quien tuviere noticia de sus escritos sabrá que merecieron este nombre: Pedro Láynez, el excelentísimo señor marqués de Tarifalo, Hernando de Herrera, Gálvez Montalvo, Pedro de Mendoza, Marcó Antonio de la Vega, doctor Garay, Vicente Espinel, Liñán de Riaza, Pedro Padilla, don Luis de Vargas Manrique, los dos Lupercios y otros, entre los cuales se hizo este caballero tan gran lugar, que igualmente, decía dél la fama lo que el oráculo de Sócrates. Escribió en todos estilos con elegancia, y en las cosas festivas, a que se inclinaba mucho, fueron sus sales no menos celebradas que las de Marcial y mucho más honestas. Tenemos singulares obras suyas en aquel estilo puro, continuadas por la mayor parte de su edad, de que aprendimos todos erudición y dulzura, dos partes de que debe de constar este arte; que aquí no es ocasión de revolver Tasos, Danielos, Vidas y Horacios, fundados todos en aquellos aforismos de Aristóteles. Mas no contento con haber hallado en aquella blandura y suavidad el último grado de la fama, quiso (a lo que siempre he creído, con buena y sana intención, y no con arrogancia, como muchos que no le son afectos han pensado) enriquecer el arte y aun la lengua con tales exornaciones y figuras, cuales nunca fueron imaginadas ni hasta su tiempo vistas, aunque algo asombradas de un poeta en idioma toscano, que, por ser de nación genovés, no alcanzó el verdadero dialecto de aquella lengua, donde hay tantas insignes obras inteligibles a la primera vista de los hombres doctos y aun casi de los ignorantes. Bien consiguió este caballero lo que intentó, a mi juicio, si aquello era lo que intentaba; la dificultad está en el recibirlo, de que han nacido tantas, que dudo que cesen si la causa no cesa: pienso que la oscuridad y ambigüedad de las palabras debe de darla a muchos. Verbis uti, dijo Aulo Gelio, nimis obsoletis exulcatisque, aut insolentibus, novitatisque durae et illepidae, par esse delictum videtur, pero más molesta y culpable cosa, verba nova, incognita et inaudita dicere, etc. Y, hablando de la Onomatopoeia, Cipriano en su Retórica dice: At nunc raro, et cum magno judicio hoc genere utendum est: ne novi verbi assiduitas odium pariat; sed si commodo quis eo utatur et raro, non ostendet novitatem, sed etiam exornabit orationem. Pero Fabio Quintiliano lo dijo todo en una palabra: Uritatis tutius utimur: nova non sine quodam periculo fingimus. Y más adelante, en el capítulo sexto: Consuetudo vero certissima loquendi. magistra: utendumque plane sermone, ut numo, cui publica lorma est. Y aunque en él se puede ver tratada esta materia abundantemente, no puedo dejar de citar un aforismo suyo, que lo incluye todo, pues la autoridad de Quintiliano carece de réplica: Oratio, cujus summa virtus est perspicuitas, quae sit vitiosa, si egeat interprete? Y cuando en el libro 8.º concede alguna licencia, es con esta limitación: Sed ita demum si non appareat affectatio.

En las materias graves y filosóficas confieso la breve oscuridad de las sentencias, como lo disputa admirablemente Pico Mirandola a Hermolao Bárbaro: Vulgo non scripsimus, sed tibi et tuis similibus.

Y acuérdase de los silenos de Alcibíades: Erant enim simulacra, por lo exterior fiera y hórrida; pero con deidad intrínseca, y donde Heráclito dijo que estaba escondida la verdad. Pero si por aquellas cosas que Platón llamaba teatrales desterró los poetas de su república, el medio tendrá pacíficos los dos extremos para que no esté tan enervada la dulzura que carezca de ornamento, ni él tan frío que no tenga la dulzura que le compete. Creo que muchas veces la falta del natural es causa de valerse de tan estupendas máquinas el arte; pero arte non conceditur, quod naturaliter denegatur. L. ubi re pugnantia, § I, De regulis jur.

No se admire vuestra excelencia, señor. si en esta parte me dilato, por ser tan alta materia el hablar, que della dijo Mercurio Trimegisto en el Pimandro que «solo al hombre había Dios concedido la habla y la mente, cosas que se juzgaban del mismo valor que la inmortalidad».

Pero, volviendo al propósito, a muchos ha llevado la novedad a este género de poesía, y no se han engañado, pues en el estilo antiguo en su vida llegaron a ser poetas, y en el moderno lo son el mismo día; porque con aquellas trasposiciones, cuatro preceptos y seis voces latinas o frasis enfáticas se hallan levantados adonde ellos mismos no se conocen, ni aun sé si se entienden. Lipso escribió aquel nuevo latín, de que dicen los que le saben que se han reído Cicerón y Quintiliano en el otro mundo; y siendo tan doctos los que le han imitado, se han perdido; y yo conozco alguno que ha inventado otra lengua y estilo tan diferente del que Lipso enseña, que podía hacer un diccionario, como los ciegos a la jerigonza. Y así, los que imitan a este caballero producen partos monstruosos que salen de generación, pues piensan que han de llegar a su ingenio por imitar su estilo. Mas pluguiera a Dios que ellos le imitaran en la parte que es tan digno de serio, pues no habrá ninguno tan mal afecto a su ingenio que no conozca que hay muchas dignas de veneración, como tras que la singularidad ha envuelto en tantas tinieblas, que he visto desconfiar de entenderlas gravísimos hombres que no temieron comentar a Virgilio ni a Tertuliano. Puédese decir por él en esta parte lo que san Agustín dice de la elocuencia, que no siempre persuade la verdad: Non est facultas ipsa culpabilis, sed ea male utentium perversitas. Otros hay que tienen este nuevo estilo por una fábrica portentosa, y se atreven a tantas letras y partes dignas de sumo respeto en su dueño, porque dijo el antiguo poeta Lucio que multa hominum portenta in Homero versificata monstra putanr. Ello, por lo menos, tiene pocos que aprueben y muchos que contradigan; no sé lo que crea; pero diré con Aristóteles: Quaedam delectant nova, quae postea similiter non faciunt.

Todo el fundamento deste edificio es el trasponer, y lo que le hace más duro es el apartar tanto los adjuntos de los sustantivos, donde es imposible el paréntesis, que lo que en todos causa dificultad la sentencia, aquí la lengua; y como esto en los que imitan es con más dureza y menos gracia, cuando ellos fueran Virgilios, hallaran algún Séneca que les dijera por la novedad que quiso usar con los vocablos de Ennio (aunque Gelio se ría desta censura): Virgilius quoque noster non ex alia causa duros quosdam versus et enormes, et aliquid super mensuram trahentis interposuit.

Los tropos y figuras se hicieron para hermosura de la oración. Estas mismas Antonio, Sánchez Brocense y los demás las hallan viciosas, como los pleonasmos y anfibologías, y tantas maneras de encarecer, siendo su naturaleza adornar; y si no, lean a Cicerón ad Herennium, y verán lo que siente de los dialécticos, después de haber dicho: Cognitionem amphiboliarum eam quae a dialecti cis profertur, non modo nullo adjumento esse, sed potius maximo impedimento, etc. Y engáñase quien piensa que los colores retóricos son enigmas, que es lo que los griegos llaman scirpos. (Perdónenme los que le saben, pues que son pocos, que hasta una palabra bien podemos traerla siendo a propósito.) Pues hacer toda la composición figuras es tan vicioso e indigno, como si una mujer que se afeita, habiéndose de poner la color en las mejillas, lugar tan propio, se la pusiese en la nariz, en la frente y en las orejas. Pues esto, señor excelentísimo, es una composición llena destos tropos y figuras: un rostro colorado a manera de los ángeles de la trompeta del Juicio o de los vientos de los mapas, sin dejar campos al blanco, al cándido, al cristalino, a las venas, a los realces, a lo que los pintores llaman encarnación, que es donde se mezcla blandamente lo que Garcilaso dijo, tomándolo de Horacio:

En tanto que de rosa y azucena.

La objeción común a Séneca es que todas sus obras son sentencias, a cuyo edificio faltan los materiales, y por cuyo defecto dijo Cicerón que hay muchos hombres a quien, sobrando la doctrina, falta la elocuencia. Las voces sonoras nadie las ha negado, ni las bellezas, como arriba digo, que esmaltan la oración, propio efecto della; pues si el esmalte cubriese todo el oro, no sería gracia de la joya, antes fealdad notable. Bien están las alegorías y traslaciones, bien la similitud por la traslación, bien la parte por el todo, la materia por la forma, y al contrario, lo general por lo particular, lo que contiene por lo contenido, el número menor por el mayor, el efecto por la ocasión, la ocasión por el efecto, el inventor por la invención y el accidente del que padece a la parte que le causa; así las demás figuras, agnominaciones, apóstrofes, superlaciones, reticencias, dubitaciones, amplificaciones, etcétera, que de todas hay tan comunes ejemplos; mas esto raras veces, y según la calidad de la materia y del estilo, como escribe Bernardino Danielo en su Poética. Verdad es que muchos las usan sin arte, y es causa de que yerren en ellas, porque la retórica quiere una cierta diferencia de ingenio, de quien San Agustín dijo, tomándolo de Cicerón, en el lib. De orat. : Nisi quis cito possit, numquam omnino possit perdiscere. El ejemplo para todo esto sea la transposición o transportamento, como los italianos le llaman, que todo es uno, pues ésta es la más culpada en este nuevo género de poesía, la cual no hay poeta que no la haya usado; pero no familiarmente, ni asiéndose todos los versos unos a otros en ella, con que le sucede la fealdad y oscuridad que decimos, si bien es más fácil manera de componer, pues pasa el consonante y aun la razón donde quiere el dueño por falta de trabajo para ablandarla y seguirla con lisura y facilidad. Juan de Mena dijo:

> A la moderna volviéndome rueda...
> divina me puedes llamar Providencia...

Boscán:

> Aquel de amor tan poderoso engaño.

Garcilaso:

> Una extraña y no vista al mundo idea.

Y Bernardo de Berrera, que casi nunca usó desta figura, en la elegía tercera:

> Y le digo señora dulce mía.

Y el insigne poeta por quien habló Virgilio en lengua castellana, en la tradución del Parto de la Virgen, del Sanazaro:

> Tú sola conducir, diva María.

Y así los italianos, de que serían impertinentes los ejemplos.

Esto, como digo, es dulcísimo usado con templanza y con hermosura del verso, no diciendo:

En los de muros, etc.

Porque casi parece al poeta que refiere Patón en su Elocuencia, cuando dijo: «Elegante hablasteis mente»; figura viciosa que él allí llama cachosindethon. Finalmente, de las cosas escuras y ambiguas, y cuánto se deben huir, vea vuestra excelencia a san Agustín, en el lib. 4 De doctrina cristiana; porque pienso que su opinión ninguno será tan atrevido que la contradiga.

Platón dijo que todas las ciencias humanas y divinas se incluyeron en el poema de Hornero. Puede ser que aquí suceda lo mismo, y que, de faltar Platones, no se ha entendido el secreto deste divino estilo, si ya no decimos déllo que Augustino del Apocalipsi, en el lib. 20 De civit. Dei, a Marcelino: In hoc quidem libro, cujus nomen ese Apocalypsis, obscure multa dicuntur, ut mentem legentis exercent. Mas viniendo a una verdad infalible, no deja de causar lástima que lo que los ingenios doctos han procurado ennoblecer en nuestra lengua desde el tiempo del rey don Juan el Segundo hasta nuestra edad del santo rey Filipo III, ahora vuelva a aquel principio; y suplico a vuestra excelencia humildísimamente, pues está desapasionado, juzgue si es esto así por estas palabras de la prosa que se hablaba entonces, que con ejemplos no le quiero cansar, pues el de Juan de Mena, autor tan conocido, basta en el comento que hizo a su Coronación, donde dice así, hablando de la fama del gran marqués de Santillana, don Iñigo López de Mendoza:

«Y no quiere cesar ni cesa de volar fasta pasar el Caucazo monte, que es en las sumidad es y en los de Etiopía fines, allende del cual la fama del romano pueblo se falla no traspasase, según en el de Consolación, Boecio; pues ¿como podrá conmigo más la pereza que no la gloria del dulce trabajo? ¿O por qué yo no posporné aquesta por las cosas otras, es a saber, por colaudar, recontar y escribir la gloria del tanto señor como aqueste? Mas esforzándome en aquella de Séneca palabra, que escribe en una de las epístolas por él a Lucilo enderezadas, etc.»

¿Puede negarse una cosa tan evidente? Pues certifico a vuestra excelencia que le pudiera traer infinitos ejemplos, como decir: «Por la de la buena fama gloria, y por ende las conmemoradas acatando causas, y láctea emanante, temblante mano y peregrinan te principio»; cosas que tanto embarazan la frasis de nuestra lengua, que las sufrió entonces por la imitación latina, cuando era esclava, y que ahora, que se ve señora, tanto las desprecia y aborrece. Decía el doctor Garay, poeta laureado por la Universidad de Alcalá, como él dijo en aquella canción,

Tengo una honrada frente
de laurel coronada,
de muchos envidiada, etc.,

que la poesía había de costar grande trabajo al que la escribiese y poco al que la leyese. Esto es, sin duda, infalible dilema, y que no ofende al divino ingenio deste caballero, sino a la opinión desta lengua que desea introducir. Mas, sea lo que fuere, yo le he de estimar y amar, tomando dél lo que entendiere con humildad, y admirando lo que no entendiere con veneración; pero a los demás que le imitan con alas de cera en plumas tan desiguales, jamás les seré afecto, porque comienzan ellos por donde él acaba. A quien dijera yo lo que Escala a Politiano, dudando del estilo de una epístola suya: *Non sapit salem tuum, multa miscet, omnia confundit, nihil probat.*

La dureza es imposible que no ofenda la poesía, pues no deleita, habiéndose hecho para escribir deleitando. Memoria hace Crinito de la que tuvo Atilio, trágico, y que no menos que de Cicerón fue llamado *ferreus poeta*, aunque no sé si les viene bien el apellido de poetas de hierro, pues ningunos en el mundo tanto oro gastan, tanto cristal y perlas. Las voces latinas que se trasladan quieren la misma templanza; Juan de Mena usó muchas, verbi gratia:

El amor es ficto, vaniloco, pigro...
y luego resurgen tan magnos clarores...

Como en este caballero:

Fulgores arrogándose presiente.

Que es todo meramente latino. No digo que las locuciones y voces sean bajas, Como en un insigne poeta de nuestros tiempos:
Retoza ufano el juguetón novillo.
Pero que con la misma lengua se levante la alteza de la sentencia puramente a una locución heroica, sea ejemplo el divino Herrera:

> Breve será la venturosa historia
> de mi favor, que es breve la alegría
> que tiene algún lugar en mi memoria.
> Cuando del claro cielo se desvía
> del Sol ardiente el alto carro apena,
> y casi igual espacio muestra el día,
> con blanda voz, que entre las perlas suena,
> teñido el rostro de color de rosa,
> de honesto miedo y de amor tierno llena,
> me dijo así la bella desdeñosa, etc.

Ésta es elegancia, ésta es blandura y hermosura digna de imitar y de admirar: que no es enriquecer la lengua dejar lo que ella tiene propio por lo extranjero, sino despreciar la propia mujer por la ramera hermosa. Pues si queremos subirlo más de punto, léase la canción a la traslación del cuerpo del señor rey don Fernando, que por sus virtudes fue llamado el Santo, y entre sus estancias, ésta:

> Cubrió el sagrado Betis, de florida
> púrpura y blandas esmeraldas llena,
> y tiernas perlas, la ribera undosa,
> y al cielo alzó la barba revestida
> de verde musgo, y removió en la arena
> el movible cristal de la sombrosa
> gruta, y la faz honrosa,

149

de juncos, cañas y coral ornada;
tendió los cuernos húmidos, creciendo
la abundosa corriente dilatada,
su imperio en el Océano extendiendo.

Aquí no excede ninguna lengua a la nuestra, perdonen la griega y latina. Pero dejándola para sus ocasiones, podrá el poeta usar della con la templanza que quien pide a otro lo que no tiene, si no es que las voces latinas las disculpemos con ser a España tan propias como su original lengua, y que la quieran volver al estado en que nos la dejaron los romanos, y prueba con tantos ejemplos el doctísimo Bernardo de Alderete en su *Origen de la lengua castellana*. Yo por algunas razones no querría discurrir en esto, que tal vez he usado alguna, pero adonde me ha faltado, y puede haber sido sonora y inteligible.

Por cuento de donaire se escribía y se imprimía no ha muchos años el estilo de aquel cura que hablaba con su ama esta misma lengua, pidiendo el «ansarino cálamo», y diciéndole que no suministraba «el etiópico licor el cornerino vaso». No quiero cansar más a vuestra excelencia ya los que no saben mi buena intención, sino acabar este papel con decir que nunca se aparta de mis ojos Fernando de Herrera, por tantas causas divino; sus sonetos y canciones son el más verdadero arte de poesía. El que quisiere saber su verdad, imítele y léale; que de Garcilaso no pienso hablar palabra, pues han llegado algunos a tanta libertad, que llaman poetas mecánicos los que le imitan; cosa tan lastimosa, que por locura declarada carece de respuesta. Harto más bien lo sintió el divino Herrera, cuando dijo en aquella elegía que comienza:

Si el grave mal que el corazón me parte;

que a juicio de los hombres doctos había de estar escrita con letras de oro:

Por esta senda sube al alto asiento
Laso, gloria inmortal de toda España.

Muchas cosas se pudieran decir acerca de la claridad que los versos quieren para deleitar, si alguien no dijese que también deleita el ajedrez y es estudio importuno del entendimiento. Yo hallo esta novedad como la liga que se echa al oro, que le dilata y aumenta, pero con menos valor, pues quita de la sentencia lo que añade de dificultad. Con esto, vuestra excelencia, señor, crea que lo que he dicho es cosa increíble a mi humildad y modestia; y si no es violencia en mí, plegue a Dios que yo llegue a tanta desdicha por necesidad, que traduzca libros de italiano en castellano, que para mi consideración es más delito que pasar caballos a Francia; o a tanta soberbia, por falta de entendimiento, que haga reprehensiones a los libros a quien todos los hombres doctos han hecho tan singulares alabanzas y para que mejor vuestra excelencia entienda que hablo de la mala imitación, y que a su primero dueño reverencio, doy fin a este discurso con este soneto que hice en alabanza deste caballero, cuando a sus dos insignes poemas no respondió igual la fama de su misma patria:

Canta, cisne andaluz, que el verde coro
del Tajo escucha tu divino acento,
si, ingrato, el Betis no responde atento
al aplauso que debe a tu decoro.
Más de tu Soledad el eco adoro
que el alma y voz de lírico portento,
pues tú solo pusiste al instrumento,
sobre trastes de plata, cuerdas de oro.
Huya con pies de nieve Galatea,
gigante del Parnaso, que en tu llama,
sacra ninfa inmortal, arder desea.
Que como, si la envidia te desama,
en ondas de cristal la lira orfea,
en círculos de Sol irá tu fama.

En: La Filomena, de Lope de Vega.

Soneto I, 1609

Amor, conceptos esparcidos,
engendrados del alma en mis cuidados,
partos de mis sentidos abrasados,
con más dolor que libertad nacidos;
expósitos al mundo en que perdidos,
tan rotos anduvisteis y trocados,
que solo donde fuisteis engendrados,
fuérdades por la sangre conocidos;
pues que el hurtáis el laberinto a Creta,
a Dédalo los altos pensamientos,
la furia al mar, las llamas al abismo,
si aquel áspid hermoso no os aceta
dejad la tierra, entretened los vientos;
descansaréis en vuestro centro mismo.

Libros a la carta

A la carta es un servicio especializado para
empresas,
librerías,
bibliotecas,
editoriales
y centros de enseñanza;
y permite confeccionar libros que, por su formato y concepción, sirven a los propósitos más específicos de estas instituciones.

Las empresas nos encargan ediciones personalizadas para marketing editorial o para regalos institucionales. Y los interesados solicitan, a título personal, ediciones antiguas, o no disponibles en el mercado; y las acompañan con notas y comentarios críticos.

Las ediciones tienen como apoyo un libro de estilo con todo tipo de referencias sobre los criterios de tratamiento tipográfico aplicados a nuestros libros que puede ser consultado en Linkgua-ediciones.com.

Linkgua edita por encargo diferentes versiones de una misma obra con distintos tratamientos ortotipográficos (actualizaciones de carácter divulgativo de un clásico, o versiones estrictamente fieles a la edición original de referencia).

Este servicio de ediciones a la carta le permitirá, si usted se dedica a la enseñanza, tener una forma de hacer pública su interpretación de un texto y, sobre una versión digitalizada «base», usted podrá introducir interpretaciones del texto fuente. Es un tópico que los profesores denuncien en clase los desmanes de una edición, o vayan comentando errores de interpretación de un texto y esta es una solución útil a esa necesidad del mundo académico.

Asimismo publicamos de manera sistemática, en un mismo catálogo, tesis doctorales y actas de congresos académicos, que son distribuidas a través de nuestra Web.

El servicio de «Libros a la carta» funciona de dos formas.

1. Tenemos un fondo de libros digitalizados que usted puede personalizar en tiradas de al menos cinco ejemplares. Estas personalizaciones pueden ser de todo tipo: añadir notas de clase para uso de un grupo de estudiantes,

introducir logos corporativos para uso con fines de marketing empresarial, etc. etc.

2. Buscamos libros descatalogados de otras editoriales y los reeditamos en tiradas cortas a petición de un cliente.

www.ingramcontent.com/pod-product-compliance
Lightning Source LLC
LaVergne TN
LVHW091219080426

835509LV00009B/1070